T0285818

Andreas Weber

Vivificar

Una poética
para el Antropoceno

Traducción del inglés al castellano
de Juan Manuel Cincunegui

editorial Kairós

Este libro ha sido financiado con la ayuda de:

BiosphereUniversity.Film
FG.Film
Opportunities in Change

Título original: ENLIVENMENT. Toward a Poetics For The Anthropocene
by Andreas Weber
© Matthes & Seitz Berlin Verlag, Berlín 2016
All rights reserved by Matthes & Seitz Berlin
Verlagsgesellschaft mbH.

© de la edición en castellano:
2022 Editorial Kairós, S.A.
Numancia 117-121, 08029 Barcelona, España
www.editorialkairos.com

© de la traducción del inglés al castellano: Juan Manuel Cincunegui

Fotocomposición: Florence Carreté
Diseño cubierta: Katrien Van Steen
Impresión y encuadernación: Romanyà-Valls. 08786 Capellades

Primera edición: Octubre 2022
ISBN: 978-84-1121-059-1
Depósito legal: B 13.108-2022

Este libro ha sido impreso con papel que proviene de fuentes
respetuosas con la sociedad y el medio ambiente y cuenta con los
requisitos necesarios para ser considerado un «libro amigo de los bosques».

«En todas partes, el amor se distingue
de sus falsas apariencias
por la forma en que se respeta la realidad
independiente de lo que se ama.»

RAIMOND GAITA, *El perro filósofo*

«Solo la montaña ha vivido lo suficiente
como para escuchar objetivamente el aullido del lobo.»

ALDO LEOPOLD, «Elegía de los pantanos»

Sumario

Agradecimientos

Muchas de las ideas de este libro tienen su origen en los encuentros fructíferos de mi propia investigación sobre la biología, como una historia de relaciones y cuestiones existenciales en desarrollo, con un grupo de activistas y filósofos del procomún muy innovadores en una época que, en el futuro, podría recordarse como el apogeo del pensamiento del procumún berlinés entre 2010 y 2018. Estoy especialmente agradecido a Heike Löschmann (que acuñó el término *vivificación*) y a David Bollier, quienes me animaron a seguir mis pensamientos en inglés y me abrieron algunas puertas vitales que me permitieron hacerlo, y por ello me hacen experimentar el procomún en un sentido real. Me alegro de que Hildegard Kurt sea una compañera de camino desde entonces, en varios escenarios y proyectos, en una búsqueda común de nuevas culturas de la vida y de una ontología en la que el yo se produce a través del florecimiento del otro, y el otro a través de la plena realización del yo. Esta es la ontología que ya conocemos a través de nuestros cuerpos, y como comuneros en un vasto círculo de donación, el del ecosistema. Es con Alessandra Weber que exploro cómo se siente «ser» la ecología. Le agradezco que comparta a diario cómo se despliegan las hojas y crecen los brotes, y la comprensión de que la comunión es, al fin y al cabo, un proceso de amor.

Introducción:
una poética de lo real

Este ensayo propone una nueva perspectiva sobre la relación de los seres humanos con la esfera que comúnmente llamamos «naturaleza». A lo largo de este libro, me acercaré tanto a los seres humanos como a la naturaleza de una manera que disuelve la separación entre las dos categorías. Exploraré cómo podemos empezar a ver a todos los seres como participantes en un hogar común de materia, deseo e imaginación, una economía de transformaciones metabólicas y poéticas. A esta perspectiva la llamo *vivificación*.

La identidad de todo ser vivo se despliega como una transformación del otro a través del propio yo. Este yo surge a través de las percepciones, de ser tocado, de los intercambios sensuales, de los símbolos y metáforas, y del impacto de las moléculas y de la luz; todo lo cual transfiere de alguna manera su relevancia a la autocreación continua del cuerpo. Desde su inicio, la vida toda está hecha de tales transformaciones mutuas. Nuestra existencia en una ecoesfera impregnada de vida forma parte de un vasto patrimonio común, incluso antes de que percibamos nuestra individualidad. Toda subjetividad es ya intersubjetividad. El yo es el yo a través del otro.

Cada individuo que pertenece al mundo es, al mismo tiempo, dueño de este mundo: dueño de esta piedra áspera, moteada por las olas, erizada por el viento, acariciada por los destellos de luz. Toda percepción es un bien común: una danza de interdependencia con el mundo. El mundo nos pertenece por completo y, al mismo tiempo, nos confiamos plenamente a él. Solo a través de este «dar y recibir» llegamos a ser conscientes del mundo y de nosotros mismos. Solo si honramos este dar y recibir de manera que nos proporcione vida, podremos construir nuestro lugar en el mundo. Este es el principio de la identidad encarnada y del hogar.

En lo que sigue desarrollaré un conjunto de alternativas a algunos de los supuestos básicos que subyacen a nuestra actual visión del mundo. Al hacerlo, me comprometeré con el debate sobre el Antropoceno, tratando de recalibrar su tendencia básica a considerar nuestra época como el comienzo de una Tierra dominada por el ser humano, en la que nuestra especie lo controla todo *de facto*, y la especie humana y la naturaleza, en principio, están separadas, pero se encuentran en el mismo nivel.

La idea del Antropoceno es que estamos viviendo en una nueva era geológica en la que la cultura humana se ha apoderado en gran medida de las realidades biogeoquímicas del hogar terrestre; los humanos ahora dominan y controlan la materia, los flujos de energía y la distribución y existencia de las especies biológicas. Se ha pretendido resolver la diferencia entre los humanos y la naturaleza, no a través del reconocimiento de que todos los seres y sistemas vivos están sujetos a la misma dinámica natural y a los mismos principios creativos, sino declarando que los humanos pueden afirmar su dominio sobre toda la naturaleza inanimada y animada de la Tierra. De este modo, la idea del Antropoceno ha superado el dualismo que ha definido nuestra cultura, al menos durante quinientos o quizá dos mil años. Se trata de un movimiento de época, pero que podría adoptar una deriva desencaminada.

Este ensayo es un intento de imaginar el fin del dualismo de una manera diferente. Trata de disolver la oposición entre la humanidad y la naturaleza, no concibiendo la naturaleza como algo que debemos controlar, como algo que se presta a las prácticas culturales porque tiene la misma configuración profunda que la tecnología humana: un proceso sin propósito de eficiencia y optimización emergentes. Más bien, propongo que entendamos la identidad de los seres humanos y la naturaleza a través de un conjunto de transformaciones creativas que subyacen a toda la realidad y que encuentran una expresión especialmente contundente en la vida. Sostengo que no puede haber dualismo, porque la dimensión fundamental de la existencia es ya compartida: es la *vitalidad,* el deseo de conectarse a través del tacto y el cuerpo con el fin de crear comunidades fértiles de florecimiento mutuo, cuyos miembros experimentan sus identidades como un yo.

En cuanto al Antropoceno, estoy de acuerdo con el poeta y ecofilósofo Gary Snyder en que «lo "salvaje" es el proceso, ya que ocurre fuera de la agencia humana, aunque pueda ocurrir dentro de nosotros mismos. Por muy lejos que la ciencia pueda llegar, nunca llegará al fondo, porque la mente, la imaginación, la digestión, la respiración, el sueño, el amor y tanto el nacimiento como la muerte forman parte de lo salvaje. Nunca habrá un Antropoceno».[1]

Todas las transacciones humanas y nuestra imaginación en su conjunto están enredadas de manera fundamental con la naturaleza. Son manifestaciones humanas de una naturaleza incontenible, de una autoorganización poética y productiva que simplemente no puede someterse al control o a la administración. El control es una ficción. Es imposible porque la naturaleza incontenible de la que nos habla Snyder –las asociaciones de la fantasía, la digestión, la complejidad del lenguaje, lo absoluto de las emociones y los instintos– proporciona los mismos instrumentos con los que nos esforzamos por lograr el control.

Los bienes comunes de la realidad son un entramado de afiliaciones a través de las cuales se despliega la vitalidad en los ecosistemas y la historia. El procomún de la realidad es portador de la vitalidad de las comunidades biológicas y humanas desde la perspectiva de la dependencia metabólica, el intercambio de dones y el enredo de los actores a través de su deseo de conectarse entre sí y su necesidad de sobrevivir. Los agentes vivos se crean mutuamente estableciendo relaciones (ya sean metabólicas, de depredador/presa o sociales) y, al hacerlo, no solo producen sus entornos, sino también sus propias identidades.[2]

El procomún describe una ontología de las relaciones sociales que es, a un mismo tiempo, existencial, económica y ecológica. Enfatiza un proceso de transformación y formación de la identidad que emerge de una relación mutua que no es solo material, sino también experiencial. Para los humanos, esta ontología produce una realidad significativa y emocional. Para la biosfera, que incluye a los humanos, produce la energía necesaria para la vida.

Utilizo el término *bienes comunes* para referirme a las relaciones de reciprocidad y cocreación mutua.[3] *Bienes comunes* es un término económico que se refiere a una organización particular de los medios de vida en la que no hay usuarios ni recursos, sino solo diversos participantes en un sistema fértil, que tratan de acuerdo con un objetivo superior: que este siga dando vida. El término *bienes comunes* caracteriza una forma de socioeconomía que integra relaciones materiales y emocionales. Se basa en el intercambio de bienes, pero, también, en transformaciones de significado. Históricamente, los bienes comunes son una franja de la naturaleza que era utilizada y protegida por un determinado grupo de seres humanos, como los bienes comunes rurales de la Gran Bretaña medieval, donde los campesinos hacían pastar su ganado según un complejo conjunto de normas que permitían el acceso a todos y prohibían el uso excesivo por parte de algunos.

Actualmente, vemos restos de esta forma de relacionarse con la biósfera y con los demás en todo el mundo, ya sea en los bienes comunes de las praderas alpinas, en los sistemas de riego de Sudamérica o en la forma en que los san del sur de África distribuyen sus presas de caza. La economía de los bienes comunes domina las economías de subsistencia de la población rural en muchos lugares del mundo. Ha sido la forma de subsistencia preponderante desde los albores de la humanidad premoderna, hace al menos un millón de años. Su característica primordial es que no distingue entre usuarios y objetos, sino que une a todos los agentes en una vasta red interconectada de dar y recibir, cuyo objetivo es crear la mayor fertilidad posible para todos. Los bienes comunes están creando un mundo de unión a través de la transformación mutua.

Esta fertilidad no es solo exterior, sino también una experiencia emocional. En los entornos tradicionales de los bienes comunes, esta dimensión emocional se venera explícitamente mediante celebraciones y rituales. Los bienes comunes tratan de proteger la vitalidad mediante la participación y la reciprocidad. Son una forma de imaginar nuestro papel ecológico dando al ecosistema más vida. La realidad en su conjunto puede verse como un vasto procomún, el cual se produce gracias a la participación de todos los seres, incluidos los seres humanos. Experimentar la pertenencia a este procomún desde dentro, sintiendo una relación con otros miembros y compartiendo la identidad profunda de este mundo, es la sensación única de estar vivo. La economía del procomún establece, por tanto, el nicho ecológico humano a través de medios culturales.

En este ensayo, pintaré un cuadro en el que la realidad prospera a través del entrelazamiento de *todos* los seres humanos, *todas* las criaturas y los agentes físicos y materiales que participan en los procesos de intercambio de la realidad, como el agua, las rocas y el aire. Para ello, será necesario acabar con las nociones habituales de «cultura» y «naturaleza», que la modernidad ha considerado invariablemente como separadas y divergentes. Pero estas dos dimensiones implican *de facto* el mismo enredo de la materia con el significado simbólico. Para ver esto, tenemos que entender que la vitalidad es el elemento de conexión crítico de la realidad. La vitalidad es intrínseca a todos los procesos sociales y biológicos y al cosmos como un todo biogeoquímico.[4] Todos estos procesos están impulsados por un deseo inherente de conexión, autorrealización y transformación. La vitalidad tiene una sustancia objetiva y empírica (en los cuerpos de los seres del mundo) y una dimensión subjetiva y tangible (en nuestros propios cuerpos). La vitalidad siempre está entrelazando las dimensiones de la materia con la percepción y la experiencia, desde la primera célula está repleta de esas dimensiones que normalmente reservamos para la cultura: el significado y la expresión.

Es esencial que complementemos la actual comprensión del Antropoceno con el punto de vista de una ontología de los bienes comunes. Sin esta perspectiva para completar el cuadro, el Antropoceno –la nueva época caracterizada por la supremacía del ser humano– dejaría de lado un elemento fundamental de la realidad. En la actualidad, me preocupa que la idea predominante en el planteamiento del Antropoceno –de que podemos reconciliar a la humanidad con lo inconsciente, lo orgánico en sí mismo y en los demás (humanos y no humanos) subvirtiendo todo eso bajo el poder de la cultura– no sea más que otro intento de domesticación. Podemos ver en ello una pretensión más de controlar el mundo.

La cultura como control

Actualmente, este control se ejerce en su mayor parte a través de la economía. El sistema del libre mercado neoliberal y sus prerrequisitos, la separación de los recursos (que se comercializan) y los sujetos (que comercian con estos recursos para distribuirlos) son productos de la Ilustración histórica. Siguen su método de ejercer el control dividiendo el mundo en dos mitades: una esfera no viviente que necesita ser colonizada y otra que supervisa y gestiona este control. El mundo, sin embargo, no mejora a través del control, sino a través de la participación.

Solo podremos sobrevivir al Antropoceno y transformarlo en una forma más productiva de tratar con nuestra propia humanidad y la biosfera si entendemos que los seres humanos no impregnan e influyen únicamente en la naturaleza. Por el contrario, la esfera humana está constituida y llena de algo que no puede someterse al control y la gestión cultural, porque alimenta nuestra identidad en un nivel profundo: nuestra vitalidad autoorganizada e irreductible, que fluye hacia la realidad de los ecosistemas, los impulsos emocionales y la imaginación poética.

El enfoque del Antropoceno carece de la consciencia de que es la *mutualidad* la que enciende nuestra vitalidad, aunque no la entendamos. No comprende que todo intercambio tiene dos caras, ya sea de cosas (en la economía), de significados (en la comunicación biológica o en la expresividad humana) o de identidades (en el vínculo entre dos sujetos). Tiene una dimensión exterior, material. Pero también un aspecto interior, existencial, en el que la interioridad sale a la superficie. Lo que falta es el aspecto profundamente poético de la realidad, de cualquier existencia en ella.

Todo proceso que existe es una forma en la que una relación se despliega y transmite un significado: un significado que nosotros –sujetos humanos, animales, plantas y otros– experimentamos a través de nuestras emociones. Por eso debemos desarrollar nuestra comprensión de un cosmos vivo, de su devenir natural, de sus transformaciones sociales y de la forma en que nos proporciona nuestras necesidades materiales. Solo podemos hacerlo de una manera que no sea automáticamente reduccionista por medio de una poética. El mundo es peso y volumen, y es interioridad (o «gravedad y gracia», como decía Simone Weil),[5] y lo segundo solo es posible a través de lo primero. El mundo es materia que desea entrar en contacto con otra materia, y crea sentido en la medida en que este deseo se realiza o no.[6]

Este impulso constante de las cosas por conectarse unas con otras, por hacerse más individuales a través de las conexiones, y por ser transformadas por esas conexiones y, por lo tanto, por hacerse más otras, más una «con-división», por participar en un intercambio mutuo, ofrece la presencia del sentimiento en el mundo. Si existe el deseo de conectarse, este deseo puede fracasar. Si existe la posibilidad de fracasar, existe el sentido: el anhelo de florecer. Si hay anhelo, este mundo tiene un lado interior, y como todos los procesos del mundo son materiales, este lado interior se hace asequible a través de la materia.

Es la presencia respiratoria de los cuerpos –cuerpos de roca, agua, carne y aire– lo que transmite la interioridad de la materia a nuestros sentidos: cuerpos que son tanto «mera materia» como una presencia de sentido y mismidad. Materia que se experimenta a sí misma como interioridad por *ser* materia: esta es una definición de la vida. En su mayor parte, el pensamiento actual del Antropoceno no capta esta perspectiva. Tiende a mirar de forma exagerada lo que está en el centro de la realidad tal y como la experimentamos, y lo que constituye el núcleo de la realidad: la profunda vitalidad del mundo.

El Antropoceno propone una reconciliación entre el hombre y la naturaleza. Pero solo favorecerá la vida y conducirá a la humanidad a una forma más pacífica de tratar al otro si dejamos de considerar que la naturaleza está irremediablemente bajo el control humano. Por el contrario, tenemos que comprender que nosotros mismos somos naturaleza, es decir, que somos transformaciones transitorias en relaciones materiales y significativas continuas. Este proceso se experimenta emocionalmente y se desarrolla en una manera fértil, produciendo grados cada vez más complejos de libertad, así como dependencia. Este proceso existencial de autorrealización es la *imaginación*, que se expresa materialmente.

¿Techné o poiesis?

Después de más de trescientos años de pensamiento ilustrado, el Antropoceno nos ofrece la posibilidad de superar su característica fundamental: la de vaciar la realidad material de toda subjetividad. Ahora podemos desarrollar una idea del deseo intrínseco de desarrollarse a través del tacto y la transformación de la realidad. El pensamiento ilustrado puede definirse por su omisión de lo que marca la vida en su esencia: el entrelazamiento de la materia y el deseo. Para el pensamiento ilustrado, o bien existe la materia (contabilizada en términos de ciencia y tecnología) o bien el deseo (reservado para los seres humanos y sus esfuerzos, el lenguaje y la cultura).

Varios autores han comenzado a superar esta división dualista, dotando de agencia a los seres no humanos e incluso a las cosas. Esta es la tarea en la que se han embarcado algunos defensores del llamado *nuevo materialismo*, con el fin de evitar el callejón sin salida de un mundo que carece de vida.[7] Pero la idea de agencia sigue siendo demasiado corta si no se explica cómo llega la agencia al mundo, y cómo surge el deseo de ciertos objetivos, sin los cuales la agencia no tiene sentido. Los agentes tienen intereses. Tenemos que entender cómo surgen estos intereses en un cosmos hecho de materia que no se opone al cambio.

El punto crucial que hay que destacar en este ensayo, y que todavía se pasa por alto en gran medida, es que la agencia viene con la interioridad. La interioridad establece sus propios valores de desenvolvimiento y se esfuerza para que esos valores se cumplan. La vida tiene necesidades, porque es materia que desea conservar un sentido específico de la interioridad. El mundo es materia, y esta materia siempre está trabajando hacia un cuerpo sensible que intenta florecer. Nuestro sentido del deseo y del florecimiento está ligado a este vector mayor, y nos hace responsables del grado en que se desarrolla.

Por lo tanto, tenemos que sustituir el concepto de *techné*, que marca profundamente el Antropoceno, con su optimismo en la administración humana de la Tierra, por el concepto de *poiesis*. Esta *poiesis* no es un juego del lenguaje. Es más bien el elemento que hace surgir la realidad. La *poiesis* no puede cerrarse. Solo puede pasarse por alto o malinterpretarse de una manera siempre dolorosa, y muy frecuentemente de manera letal.

Debemos comprender que vivimos en un mundo que no se divide en cosas e ideas, ni en recursos y consumidores, ni en cultura y naturaleza. Cualquier pensamiento en términos de relación solo puede surgir como una poética.[8] Toda práctica de la vitalidad solo puede ser una práctica poética. Lo que echamos de menos, y lo que los partidarios del Antropoceno (y sus diversos sinónimos, ya sea *posthumanismo*, *ecopragmatismo* u *ontología orientada al objeto*) pasan por alto, es una poética de la vitalidad. Este ensayo pretende ser una contribución a su definición.

La posición adoptada aquí se llama *vivificación*,[9] porque su tesis central es que tenemos que reconsiderar la «vida» y la «vitalidad» como categorías fundamentales del pensamiento y de las acciones prácticas. La vivificación intenta complementar –no sustituir– el pensamiento racional y la observación empírica (las prácticas centrales de la posición ilustrada) con la «subjetividad empírica» de los seres vivos, y con la «objetividad poética» de las experiencias significativas.

Sostengo que el mayor obstáculo a las enojosas cuestiones de la sostenibilidad (un término muy elástico, con significados múltiples y conflictos) es el hecho de que la ciencia, la sociedad y la política han perdido durante los últimos doscientos años su interés en comprender la existencia real vivida y sentida, la de los humanos, pero también la de los otros seres. El progreso científico –y todas las explicaciones de los procesos biológicos, mentales y sociales– se basa en los bloques de construcción más pequeños posibles de la materia y los sistemas, y se obtiene mediante el análisis que supone que la evolución en la naturaleza está guiada por los principios de escasez, competencia y selección de los más aptos. Para decirlo en términos provocativos, se podría decir que el pensamiento racional es una ideología que se centra en la materia muerta. Sus premisas no pueden comprender la realidad de la experiencia vivida. ¿Debería ser tan sorprendente, entonces, que la supervivencia de nuestro planeta se haya convertido en el problema más urgente?

Basándome en los nuevos descubrimientos, predominantemente en biología y economía, propongo una visión diferente. Sostengo que la experiencia vivida, el significado encarnado, el intercambio material, y la subjetividad son factores clave que no pueden excluirse de una imagen científica de la biosfera y sus actores. Una visión del mundo que solo puede explicar el mundo en «tercera persona», como si todo fuera, en última instancia, algo no viviente, niega la existencia de los mismos actores que han expuesto este punto de vista. Es una visión del mundo que ignora deliberadamente el hecho de que somos seres humanos subjetivos y con sentimientos, miembros de una especie animal cuyos metabolismos vivos están en constante intercambio material.

En la visión del mundo que propongo aquí, los seres humanos somos siempre parte de la naturaleza. Pero esta naturaleza es mucho más parecida a nosotros de lo que podríamos imaginar: es creativa y late con vida en cada célula. Es creadora de autonomía y libertad individual por sus propias limitaciones. La realidad desea, y expresa este deseo a través de los cuerpos vulnerables de los seres.

Como somos criaturas vivas y vulnerables en esta Tierra animada, podemos entender o «sentir» las fuerzas de la naturaleza, aunque solo sea porque estamos *hechos* de ellas. Pero estos principios –el hecho de que la vida surja de forma inevitable a través de la tendencia de la materia a divergir, conectarse y transformarse mutuamente– no garantizan de ninguna manera una imagen idílica de una «Madre Naturaleza» benigna a la que hay que proteger. La verdad de la naturaleza reside en su apertura creativa, que constantemente da vida y comercia con la muerte, y no en una ostensible plenitud o salubridad. Que existe tal verdad está autentificado por nuestra propia experiencia individual a lo largo de nuestra vida.

Propongo aquí un nuevo enfoque para entender nuestro «dilema de la sostenibilidad» instando a que adoptemos una nueva orientación cultural hacia los procesos abiertos, encarnados, generadores de sentido, paradójicos e inclusivos de la vida. A algunos les parecerá que estoy proponiendo un nuevo naturalismo, es decir, que todo está compuesto por entidades materiales. Pero si es así, se trata de un naturalismo de segundo orden que tiene en cuenta que la naturaleza no es un ámbito libre de significado o neutral, sino que es una fuente de significado existencial que se produce continuamente por las relaciones entre los individuos, una historia de libertad que se despliega.

Las siguientes páginas pretenden ser los primeros pasos para explorar el terreno. Intentaré sustituir los principios bioeconómicos que guían muchas de nuestras decisiones económicas, políticas, educativas y privadas actuales por nuevos principios de vivificación. Estos se basan en la observación de que vivimos en una biosfera compartida y cocreada, que somos parte de un proceso de desarrollo de la libertad natural y que, como humanos, no solo somos capaces de experimentar directamente esta vitalidad, sino que también necesitamos experimentarla. La experiencia de estar vivo es un requisito humano básico que nos conecta con todos los organismos vivos.

Reconocer esta necesidad existencial, además de ser importante para el progreso futuro de las ciencias de la vida, es imperativo para nuestro futuro como especie en un planeta en peligro. Nuestra incapacidad para honrar el «estar vivo» como una categoría de pensamiento rica y robusta en el pensamiento crítico, la economía, la política pública y el derecho significa que no entendemos realmente cómo construir y mantener una sociedad sostenible, que fomente la vida y esté animada. Significa que estamos atrapados en un error fundamental sobre nuestro propio carácter profundo, y sobre el del cosmos.

La libertad como comunión

La vivificación no es un asunto histórico o filosófico arcano, sino un conjunto de principios profundos que ordenan cómo percibir, pensar y actuar. Si somos capaces de captar la vivificación como una visión, podemos empezar a entrenarnos para ver de forma diferente y abordar las luchas políticas y la política con una nueva perspectiva. Las consecuencias políticas de adoptar este enfoque, que yo llamo *cultura vivificada*, *cultura de la vida* o incluso *política de la vida*, son de gran alcance. Solo un punto de vista no dualista permite la plena inclusión y cooperación, porque no hay disyuntiva entre la teoría racional y la práctica social; ambas están entrelazadas. La existencia en la realidad no permite disyunciones radicales. Nuestra propia existencia, en la que el metabolismo y el sentido se entremezclan constantemente, es una prueba de ello.

Nuestra propia existencia, si queremos volver a abrazarla por completo sin excluir aspectos indeseables o rasgos que necesiten control, o estén destinados a la optimización, depende de que aceptemos que nuestro mundo puede ser desmontado, que todo impacto material genera sentido y que todo sentido engendra consecuencias materiales.

Al mismo tiempo, no estoy proponiendo una utopía. Al contrario: solo pretendo reclamar más ternura hacia lo que realmente existe. La perspectiva que defiendo aquí permite un reconocimiento más profundo del inevitable desorden de la vida –conflictos, malos momentos, carencias– para el que hay que cultivar reglas de negociación y acomodación. En una realidad que se crea masivamente a través de un constante tejido de relaciones y la transformación recíproca asociada, los conflictos no solo son inevitables, sino que son parte de la forma en que se manifiesta el deseo. Estos dilemas se encienden entre el yo y el otro, entre el bien del conjunto y el propio bienestar, entre el valor y el éxtasis.

Estas son las antinomias fundamentales de la existencia, cuya percepción llevó a Gershom Sholem al audaz pensamiento de la necesaria incompletud de toda creación.[10] Siempre hay que negociar; hay que encontrar y cultivar constantemente reglas de juego, sin llegar nunca a un estado de estabilidad, sin alcanzar nunca un óptimo. Y esto es precisamente la vitalidad. La libertad que anhela no quiere asegurarse y encerrarse, sino transformar las tensiones en nuevas imaginaciones.

La libertad ha sido el gran proyecto de la Ilustración. El *ethos* de promover la autonomía personal del individuo, de ser su propio dueño, de emanciparse de las limitaciones, sigue determinando gran parte de nuestro mundo, desde la imagen que tenemos de nosotros mismos hasta las acciones políticas que se consideran apropiadas. El asunto en cuestión es la autonomía personal del individuo, que necesita ser su propio dueño para satisfacer sus propias necesidades de acuerdo con la dignidad humana. La libertad que pretende promover la vivificación no revoca estos objetivos. Más bien los sustituye por nuestra libertad como individuos y grupos para estar «vivos en conexión», la libertad que proviene de alinear las necesidades e intereses individuales con los de la comunidad más amplia. El yo es siempre una función del todo: el todo, sin embargo, es igualmente una función del individuo. Solo esta libertad integrada puede proporcionar el poder de reconciliar a la humanidad con el mundo natural.

La vivificación entiende la libertad como la forma fértil de la necesidad, que surge del hecho de que estamos conectados entre nosotros como cuerpos sensibles, como individuos y como grupos, y que estamos en mutuo intercambio con la biosfera. La libertad solo se manifiesta cuando las necesidades e intereses individuales se imaginan junto con los de comunidades mayores en un equilibrio precario, tenso e incluso paradójico. Solo esta libertad integradora puede desplegar el poder necesario para reconciliar a la humanidad con el mundo natural.

1. La ideología de la muerte

El mundo no se vuelve más vivo. El descubrimiento del Antropoceno, de que la humanidad gobierna ahora todos los ciclos globales de la materia y la energía, no es más que otra forma de expresar que cuarenta años de política de sostenibilidad no ha supuesto ningún avance. Puede que ni siquiera haya cambiado nada en absoluto. Muchas de las crisis que la sostenibilidad pretendía mitigar con una perspectiva orientada a las soluciones han empeorado, e incluso han surgido otras nuevas.

La pérdida de especies, un tema sobre el que nos hemos vuelto bastante insensibles, no ha disminuido, por ejemplo, sino que se ha acelerado hasta convertirse en una «sexta extinción» en toda regla.[1] El calentamiento global, a pesar de todos los intentos por frenarlo, se está acelerando tan velozmente que resulta difícil creer que pueda frenarse. La depredación de paisajes enteros aniquila la subsistencia de los seres humanos, que reaccionan con migraciones masivas por motivos ecológicos y económicos, cuyo alcance no ha visto nuestro planeta desde el final de la antigüedad. Todos estos son aspectos de un obstáculo muy arraigasdo. Su dimensión se hace visible a través de la carrera del propio término *sostenibilidad*: creado por el informe de Gro Harlem Brundlandt para la ONU como un ambicioso concepto ecosocial,[2] se ha degradado hasta convertirse en un eslogan para los brillantes folletos corporativos.

Es importante no solo ver los aspectos externos o materiales de estos retos, sino también sus dimensiones subjetivas más o menos ocultas, que en conjunto muestra que lo que está en juego es la vitalidad como tal. Tal vez haya que hablar de una «crisis global de sentido». Su alcance abarca, entre otras cosas, la constante desestimación de los logros sociales que son importantes para el bienestar social y mental de los seres humanos y la solidaridad entre ellos, y cuya laboriosa aplicación fue el gran éxito de la sociedad civil y el movimiento de los derechos civiles en las décadas posteriores a la Segunda Guerra Mundial hasta principios de los años ochenta del pasado siglo. Todo esto se paralizó a mediados de la década de los 1980, aparentemente por la imposibilidad de financiar una política centrada en la vida, como han descrito algunos historiadores. Sin embargo, hay estudiosos que consideran esta evolución como la toma de posesión sistémica del capital global.[3] El capital trasforma lo que está vivo en recursos que pueden venderse y, como resultado, las necesidades humanas de conexión, de participación personal en los asuntos de la propia comunidad, de un verdadero lugar propio de la experiencia de identidad en conexión, son cada vez más difíciles de satisfacer. Esta pérdida de plenitud, que, de hecho, es una pérdida de vida verdadera, es la otra cara de la necesidad fingida de eficiencia y, más recientemente, de «austeridad», que ha empezado a dominar la política social global. Otra parte importante de la crisis actual es el extraño descenso de la satisfacción vital en muchos países industrializados que se produce con el aumento del bienestar material.[4] Parte de esto es el hecho de que los problemas de salud mental están aumentando continuamente en la población mundial. El malestar, e incluso el sufrimiento continuo, están a la orden del día. Según la Organización Mundial de la Salud (OMS), la depresión unipolar fue «clasificada como la tercera causa de la carga mundial de morbilidad en 2004, se prevé que pase al segundo lugar en 2020, y al primero en 2030», superando a las enfermedades infecciosas y cardíacas, y al cáncer.[5] La depresión, sin embargo, está directamente relacionada con el hecho de no sentirse vivo.

La crisis global de la creación de sentido es una crisis fundamental para la vida a escala mundial. Es una crisis para la vida en la medida en que las vidas –vidas individuales de las plantas, de los animales y de especies enteras– están desapareciendo a diario del planeta, en la medida en que la experiencia humana de la vida se ve gravemente limitada, y en la medida en que el espacio que reservamos para un concepto de vida en nuestra visión del mundo es más o menos inexistente. Esta crisis es el resultado de un ataque de décadas a la libertad de existir como individuos conectados a otros. Estos factores no pueden considerarse de forma aislada, porque son aspectos de un mismo problema.

Sin embargo, el enfoque estándar consiste en separar los dilemas entre sí (la crisis de las especies, la crisis de la educación, la crisis financiera, etc.). El tratamiento dominante de nuestros múltiples dilemas consiste en clasificar los distintos problemas en «silos» separados, y luego buscar «soluciones» únicas y específicas. Este procedimiento es la única metodología oficialmente aceptable en las instituciones establecidas, ya sean instituciones educativas o sistemas de salud pública, organizaciones medioambientales o grupos de política internacional. Pero un enfoque analítico que separa y externaliza los problemas para hacerlos técnicamente manejables es precisamente la razón por la que estos problemas han surgido en primer término. Estamos atrapados en un callejón sin salida.

El predominio de la lógica del capital crea un espacio masculino que queda en gran medida oculto a la vista y que tiene consecuencias imprevistas. Su aumento conduce a estallidos violentos de reivindica-

ciones de necesidades profundas, y los intentos posteriores de satisfacer estas necesidades se llevan a cabo de forma a menudo trágica
y suicida. Deberíamos preguntarnos hasta qué punto el declive de la
vitalidad está relacionado con la aparición del fundamentalismo y sus
crueldades asociadas. Estas pueden considerarse en muchos aspectos
como una forma distorsionada de expresar la necesidad de sentido.

El ecoterrorismo, por ejemplo, que durante mucho tiempo ha
sido anticipado como una posible reacción al ataque global a la vida,
nunca ha salido a la luz. Pero el hecho es que se está manifestando
en muchas áreas; simplemente, no vemos la conexión, porque no
nos damos cuenta de que el bienestar ecológico no solo concierne
la biosfera, sino también a nuestros corazones. La rebelión contra el
declive de esta ecología del corazón está adoptando hoy la forma de
una extorsión fundamentalista de orden fijo, roles seguros y significado dogmático, que son todos ellos caricaturas de las experiencias
centrales de estar vivo, como individuos en conexión.

Seguimos tratando los problemas ecológicos, políticos y económicos con sus devastadoras consecuencias como meras complicaciones
técnicas. Pero, en realidad, son el resultado del olvido de nuestra propia
vitalidad, la consecuencia de un profundo olvido de nuestra verdadera
necesidad de estar vivos. Lamentablemente, y de forma más peligrosa,
esta profunda conexión está lejos de ser obvia. Las aparentes necesidades de la economía capitalista se han convertido en la lente a través
de la cual vemos el mundo. Se aceptan como partes inmutables de la
realidad y, de este modo, nos ciegan para que ni siquiera consideremos
su papel en la aparición del malestar y la frustración globales.

No estoy argumentando que, si solo ponemos la vitalidad en el
centro del escenario, todo lo demás se alineará, y todos nuestros
problemas se resolverán. De nuevo: la vivificación no propone otra

solución utópica. La vida misma es un fenómeno paradójico y problemático. Es la dimensión de la realidad en la que se manifiesta su inherente incompletud. Solo podemos afrontarla si nos centramos en un arte de vivir ecológico que trabaje sobre estas tensiones y las imagine en un todo con sentido, en un bien común material y espiritual. Esta es –como cualquier participación en un ecosistema– una postura no exenta de problemas. Sin embargo, es la forma en que nuestra naturaleza encarnada anhela desarrollarse. Forma parte de lo real, que es un ensamblaje de cuerpos deseantes mutuamente fértiles. Aislarnos de ese proceso es cortar la vida misma: la nuestra y la de los demás.

Si esperamos progresar, primero debemos preguntarnos qué es lo que nos impide hacerlo. Deberíamos buscar denominadores comunes en nuestra forma de pensar y en nuestras políticas que puedan ser responsables, de modo que podamos empezar a nombrar los problemas relacionados y a buscar una nueva perspectiva para afrontar la realidad. Entonces, quizá, podamos desarrollar una narrativa que describa con mayor precisión el mundo en el que vivimos y en el que deseamos vivir. Sin embargo, el hecho de que hayamos estado caminando en círculos durante tanto tiempo demuestra que todavía no sabemos –y no se nos permite saber– lo que realmente nos falta y lo que realmente necesitamos.

Más allá de la materia muerta

El rasgo central de nuestra civilización en crisis es que el pensamiento dominante toma la realidad por lo que no es. Creemos que está muerta, que podemos tratarla mediante la racionalidad mecánica. Pero está viva. Negamos los procesos profundamente creativos, poéticos y expresivos del mundo, que se despliegan constantemente y dan lugar a una multitud de relaciones fértiles, dinámicas y de interacción mutua que constituyen la biosfera y nuestra propia identidad. Esta desestimación no es solo un defecto intelectual, sino también emocional: normalmente no percibimos estas relaciones y no sentimos que formamos parte de ellas. No tienen cabida en nuestras descripciones oficiales de la realidad, y no se les concede mucho espacio en la consciencia privada. Esto es más que un problema conceptual: es una incapacidad para acceder al yo real, al sentimiento. Puede que hayamos olvidado lo que significa estar vivos.

Pero ese adormecimiento de nuestra experiencia directa de la realidad tiene lugar en un marco oficial. Todas las ciencias, ya sean naturales, sociales o económicas, intentan comprender el mundo como si fuera un proceso muerto y mecánico que pudiera examinarse mediante análisis estadísticos o cibernéticos. Desde la trascendental revolución de Descartes, que separó la realidad en una *res cogitans* oculta, subjetiva y estrictamente generalizable –nuestra mente– y una *res extensa* visible, maleable y calculable, pero muerta –el mundo material–, los esfuerzos más nobles de la humanidad se han centrado en separar la realidad y todas sus partes en bloques de construcción discretos: átomos y algoritmos. Este procedimiento sigue considerándose la forma más fructífera de avanzar en el progreso humano.

Las reglas científicas, que siguen siendo tan válidas hoy como cuando se establecieron en el siglo XVII, nos obligan a tratar todo como materia muerta. La navaja de Ockham se ha convertido en un arma letal que transforma todo objeto de interés en un conjunto de bloques de construcción inanimados.[6] Esta tendencia ha maldecido nuestra civilización con el mismo tipo de imprecación que perseguía el rey Midas. En su insaciable codicia, este mítico gobernante deseaba que todo objeto que tocara se convirtiera en oro. Los dioses acabaron por satisfacer su deseo, y el resultado fue que Midas murió de hambre. Todo lo que nuestra civilización toca con la visión de rayos X del método científico con el fin de comprenderlo y encontrarle una aplicación útil se convierte en un recurso y pierde, en efecto, su vitalidad y, por tanto, su capacidad para dar vida. La ciencia ha erigido una metafísica de lo muerto para bloquear nuestra comprensión del aspecto más notable de nuestro ser en el mundo, a saber, nuestro ser vivo. En lugar de excluir nuestra vitalidad, nuestra subjetividad y la subjetividad de otros seres como meras distorsiones de una visión «objetiva» del mundo, necesitamos incorporar estas experiencias encarnadas como instrumentos de percepción objetiva: objetiva porque esta percepción es compartida entre los seres.

Illustración 2.0: vivificación

La vivificación ofrece un nuevo enfoque que podría ayudarnos a entender la actual crisis mundial. La revitalización, como primera aproximación, significa conseguir que las cosas, las personas y uno mismo vuelvan a vivir, a estar más llenas de vida, a estar más vivas. Significa considerar el mundo, no desde la perspectiva abstracta de un objeto funcional, sino desde la perspectiva vivida de la experiencia significativa en primera persona. La idea se refiere a la vez a la «vida real» de las especies o ecosistemas amenazados, o de las personas atacadas, y a nuestra «vida interior» como representantes de la especie social *Homo economicus,* que realizan incesantemente tareas más o menos necesarias y satisfacen necesidades más o menos reales para mantener la enorme maquina que llamamos *economía.*

Con el término *vivificación* hemos encontrado un punto de partida para identificar las diversas áreas de la realidad que se han dejado de lado y que están ocultas en el punto ciego del pensamiento científico modernista. No es casualidad que el término se parezca tanto al nombre de su concepto predecesor, la *Ilustración*. Con el surgimiento de la Ilustración, los supuestos básicos en la base de los tiempos modernos se volvieron totalmente dinámicos: a saber, que el mundo es comprensible sobre bases racionales; que los humanos pueden cambiarlo (porque podemos entenderlo); y que no solo tenemos la capacidad, sino también el derecho de cambiarlo para mejorar la condición humana. Con la Ilustración nació el humanismo moderno, una forma de pensar y de ser que ha mejorado de forma increíble las condiciones de vida de, al menos, una parte de la humanidad.

Pero los hábitos de pensamiento de la Ilustración –especialmente la comprensión racional y tecnocrática de la agencia humana– también tienen un lado oscuro, como han observado los críticos de la «dialéctica de la Ilustración».[7] Los principales defectos del enfoque de la Ilustración –además de su presunción de que la realidad es esencialmente transparente en su rostro y abierta a todos– son su dependencia en los dualismos de pensamiento, el discurso racional y la escisión newtoniana sujeto-objeto. Como sostienen Horkheimer y Adorno (y, en su estela, muchos otros), la ideología de la Ilustración trajo consigo la libertad, pero también algunas de las grandes catástrofes totalitarias-tecnocráticas del siglo xx. Podría decirse que esta tradición de pensamiento es también responsable de los desastres tecnocráticos de la actual insostenibilidad de nuestro ecosistema planetario.

Pero los críticos de la Ilustración hasta el día de hoy rara vez ofrecen un concepto alternativo positivo. Solo advierten del exceso de deseo de controlar el mundo en nombre del humanismo, lo que, a su vez, acumula aún más sospechas contra el carácter humano. Como cualquier imagen positiva del «ser» humano resultó ser potencialmente totalitaria y esencialista, los críticos de la Ilustración tuvieron que volverse aún más suspicaces, defensores aún más decididos del análisis claro y de la separación limpia del hombre y la naturaleza, y por lo tanto defensores aún más fervientes de la Ilustración.

Los críticos del pensamiento de la Ilustración han elaborado en particular la arbitrariedad de nuestros «juegos de lenguaje», y el carácter construido de toda percepción, sustituyendo la idea de la Ilustración de un progreso humanista universal a través de la conquista de la naturaleza, por una sospecha general contra todo lo «esencial», es decir, lo fértil y lo que da vida en sus propios términos. La amplia pretensión de comprender la realidad objetiva a través de los medios humanos ha sido sustituida por una actitud de desconfianza generalizada hacia todo lo humano, es decir, lo experimentado o percibido —en particular los propios sentimientos— como algo «solo» subjetivo y potencialmente distorsionado.

La crítica a la Ilustración sustituyó, pues, el régimen totalitario de la viabilidad por una dictadura de la construcción arbitraria y la frialdad emocional. Pero estas son en sí mismas variaciones de los ideales de la Ilustración, y siguen dominando los sueños maquinistas de varias posiciones posthumanistas.[8] Es esta posición de libertad radical de la mente lingüística la que alimenta la idea del Antropoceno de que toda la realidad está ahora impregnada por la imaginación cultural humana. Apoya la afirmación de que debemos convertirnos en «administradores» (en realidad, soberanos) de la realidad para que siga siendo un lugar habitable para nuestra especie. Visto a través de esta lente, por fin tenemos la naturaleza en nuestras manos en su totalidad, y así se cumple por fin la promesa de la Ilustración.

Pero la vitalidad es aquello que desea su propio camino de transformación antes de cualquier elección consciente, antes de que se establezca cualquier objetivo. No se puede tratar solo desde fuera, porque está «dentro», como deseo de participación y conexión. Por lo tanto, no solo la vida humana, sino también la existencia de otros seres sufren el «contexto de engaño» (Adorno).[9] Estos otros seres desean vivir como nosotros. No tienen más remedio que confiar en la corrección de sus necesidades. Sus sentimientos responden a nuestra propia vitalidad olvidada a través de los gestos existenciales. Podemos hacer observaciones de este tipo incluso en el más casual paseo por la naturaleza. Los otros seres nos muestran un camino hacia la iluminación de la Ilustración, que es su vivificación.

De manera significativa, el proyecto de la Ilustración no utiliza las nociones de vida, sensibilidad, experiencia, subjetividad, encarnación coral, creatividad y agencia, imaginación y poética. Estos conceptos no están completamente excluidos de la visión del mundo de la Ilustración, pero han sido relegados a la impotente esfera privada del gusto personal y del consumo individual. Históricamente, esta separación dio lugar al Romanticismo, que luego se desvaneció ante el éxito abrumador de las ciencias, y hoy se considera sobre todo un acontecimiento histórico o una actitud privada. Así, el optimismo necesario para movilizar toda la realidad como recurso, por un lado, y el nihilismo de la creencia de que la realidad es siempre inaprehensible, por otro, se agravan mutuamente. Se crea así un espacio vacío de sentido que solo permite un ganador: la economización *de facto* de todo en aras de la creación de plusvalía monetaria, que a su vez se utiliza para suprimir la vitalidad.

El objetivo de repasar esta historia tan conocida es subrayar que las normas de la Ilustración no son cuestiones históricas o filosóficas arcanas, sino principios estructurales profundos de la cultura moderna que tienen un efecto poderoso a la hora de ordenar nuestra forma de percibir, pensar y actuar. Nuestra economía, nuestros sistemas jurídicos, nuestros programas educativos, nuestras políticas gubernamentales y muchas otras cosas se basan firmemente en los principios de la Ilustración. O bien afirman haber superado los principios de la Ilustración para argumentar las premisas de una desestimación extrema de la Ilustración, que en esencia pone en duda la coherencia de la experiencia individual encarnada. Estas son las razones por las que los enfoques económicos y políticos convencionales han sido incapaces de «resolver» nuestra crisis de sostenibilidad. Reflejan profundos errores en nuestra comprensión del pensamiento humano (epistemología), las relaciones (ontología) y el funcionamiento orgánico (biología).

La idea de vivificación pretende ser un correctivo. Pretende ampliar nuestra visión de lo que son los seres humanos como sujetos encarnados en relación. Esta noción no excluye el papel de la racionalidad y la agencia humanas, pero las conecta con otros modos de ser, como nuestras relaciones psicológicas y metabólicas con el mundo «más que humano»,[10] tanto en sus aspectos animados como inanimados. La *vivificación* vincula la racionalidad con la subjetividad y la sensibilidad. Se enfrenta a las contradicciones que surgen de este enredo, y se basa en ellas para una nueva práctica poética de la agencia.

Al hacerlo, la vivificación se posiciona como la verdadera heredera de la Ilustración original, que pretendía superar los dogmas injustificados y buscaba fortalecer la libertad del sujeto. De hecho, la vivificación se esfuerza por redescubrir precisamente esta libertad, no excluyendo el cuerpo y su naturaleza autoorganizadora, sino apoyándose en el cuerpo como órgano de percepción y creador de valores. La vivificación entiende la libertad como una dimensión de la existencia encarnada, no como algo dado, sino como el horizonte constante de un deseo de ser. La Ilustración intenta describir esto como libertad-en-necesidad dentro de una biosfera compartida de cuerpos materiales, con sentimiento y orientados a objetivos. La Ilustración histórica se esforzó por la emancipación y la autodeterminación del sujeto. La vivificación reclama para cada ser el derecho a ampliar su propia vida en conexión, el derecho a sentir, ver y percibir, a ser consciente de sus propias necesidades y a defender la verdad de su propia experiencia, incluso en contra de las tendencias de pensamiento dominantes.

Es posible que las grandes metas políticas que la Ilustración inauguró doscientos cincuenta años atrás, metas que en muchas zonas del mundo aún están lejos de realizarse, solo puedan alcanzarse mediante un cambio hacia la idea de vivificación. Es posible, por ejemplo, que el logro de una mayor inclusión social y económica en la política de un Estado requiera un profundo «reconocimiento existencial» de todos los ciudadanos de un Estado, en particular de las minorías étnicas, que incluya las necesidades genuinamente humanas, incluso animadas, de cada persona, y no solo las necesidades materiales mínimas acordadas. La emancipación universal puede requerir una comprensión más profunda –expresada también en una consciencia emocional– de la vitalidad de las personas para concederles el espacio necesario para aceptar sus necesidades y acogerse a su propia identidad individual. El ser humano, como ser político, es siempre un ser encarnado, sensible y expresivo. Por ello, el pensamiento ilustrado debe evolucionar hacia la emancipación de nuestras auténticas necesidades emocionales, en conexión con otras vidas: una Ilustración 2.0.

¿Qué es la vida y qué papel desempeñamos en ella?

Al utilizar el término *vivificación* para reorientarnos en la crisis planetaria, nos centramos en una deficiencia singular del pensamiento contemporáneo: la falta de comprensión de lo que es la vida. Incluso podríamos decir que hemos olvidado lo que significa la vida. No somos conscientes de nuestra realidad más profunda como seres vivos. Este despiste es un hecho sorprendente, pero también es un resultado lógico de nuestra cultura racional. El «significado de la vida» y las cuestiones relativas a objetivos, satisfacción y aspiraciones de los seres humanos han sido durante mucho tiempo ignoradas por la biología, la economía y las humanidades –así como nuestras experiencias directas, en primera persona, de ser un trozo de materia viva–. Esta anestesia es la condición necesaria para acceder a los campos principales de la biología, la economía y las humanidades, y, más aún, para gran parte de la política, la gobernanza global y la economía. La cuestión más apremiante y evidente –la finalidad de la propia existencia y la de los demás seres– no se considera parte de la realidad, y no se le otorga ningún papel en la administración. Es totalmente privada.

Sin embargo, esta noción de la «significación de la vida» encierra algunas cuestiones sencillas y cotidianas que se sitúan en el centro de la experiencia humana. Exige que nos planteemos: ¿para qué vivimos? ¿Cuáles son nuestras necesidades internas como seres vivos?

¿Qué relaciones tenemos, o deberíamos tener, con los demás y con el orden natural? ¿Cómo producimos cosas para nuestras necesidades inmediatas? ¿Cuáles son, de hecho, estas necesidades? ¿Cómo debemos crear, mantener y ganar nuestro sustento? Mi propuesta es cambiar el enfoque hacia una nueva pregunta: *¿Qué es la vida y qué papel desempeñamos en ella?* Antes se consideraba el ejercicio cognitivo y sentiente más elevado del ser humano explorar el sentido de la vida, para debatir qué relaciones la crean y la mantienen, y para preguntarse cómo vivirla. Pero, al menos durante el último siglo, las conversaciones sobre estas antiguas y cruciales dimensiones de la vida se han tratado como reliquias polvorientas de algún oscuro cementerio de la historia intelectual. Es muy posible que, al excluir este tipo de conversaciones sobre la vida, sus significados, sus dimensiones y las tensiones internas entre los agentes vivos y sus relaciones, hayamos perdido el punto de referencia más importante para actuar de forma sabia y sostenible. Y hemos perdido cualquier relación segura con nosotros mismos. Después de todo, ¿quién negaría que está vivo?

Sin embargo, las realidades existenciales de la vida se consideran demasiado prosaicas o arcanas para ser discutidas. Si queremos recuperar puntos de referencia fiables para una vida sostenible y, al hacerlo, encontrar la sabiduría para afrontar las múltiples crisis de nuestro tiempo, debemos buscar primero una nueva explicación de los principios de la existencia de los seres vivos. Esto requiere que reconsideremos cuidadosamente cómo se organizan y se experimentan las relaciones en la biosfera, y que empecemos no solo a mirarlas desde fuera, sino a recordar que ya somos una parte que siente esas relaciones. ¿Existen reglas básicas sobre cómo los organismos realizan su existencia? ¿Qué hace que los sistemas ecológicos sean fértiles? ¿Qué constelaciones experimentamos como fértiles? ¿Qué hace posible la experiencia individual de una «vida plena»? ¿Cómo es posible el metabolismo de los bienes, los servicios y el significado sin que se degrade el sistema en el que opera? En los siguientes capítulos, trabajaré sobre estas cuestiones con el objetivo de formular los contornos de una cultura de la vida.

Se trata de cuestiones complicadas, pero también de cuestiones realistas. Por lo tanto, no hay que tener miedo ni a la generalidad, ni a la implicación personal. Generaciones de «expertos» en diferentes especialidades científicas han cedido a ese miedo, prestando atención solo a los detalles técnicos y negándose a abordar los misterios de la existencia vivida que son compartidos en cada momento de manera renovada. El daño que ha dejado ese pensamiento tan limitado ha sido devastador.

Propongo, por ello, un enfoque más bien pragmático. En primer lugar, hay que diagnosticar por qué tenemos aversión a pensar o hablar sobre la vida. A continuación, es importante considerar cómo se puede imaginar un relato contemporáneo de la vida sin caer en un pensamiento esencialista, al tiempo que abrimos ventanas genuinas al pensamiento. Por último, deberíamos intentar comprender lo que los recientes descubrimientos científicos revelan sobre el desarrollo de los procesos de la vida, y cómo esto podría conducir a un nuevo enfoque que supere un modo de pensamiento dualista: nuestro hábito mental reflexivo de separar los recursos y los agentes naturales, la razón y el mundo físico, la vida humana y la naturaleza animada, los cuerpos físicos y el significado humano.

La vivificación es más que la sostenibilidad

Si echamos la vista atrás, a los últimos cincuenta años de políticas de sostenibilidad, podemos observar muchos avances: la promulgación de leyes para proteger la naturaleza, la creación de agencias de protección del medio ambiente, el establecimiento de umbrales de seguridad para los materiales tóxicos, la prohibición de los fluorocarburos, etc. Pero, incluso con la búsqueda implícita de una mayor eficiencia ecológica, la contradicción básica permanece: devoramos la propia biosfera de la que formamos parte y de la que dependemos. Desde esta perspectiva, no hemos sido capaces de acercarnos a la solución de la cuestión de la sostenibilidad; seguimos atrapados en sus contradicciones subyacentes fundamentales.

La visión diferente de la sostenibilidad que desarrollaré en este ensayo, por tanto, no hace hincapié en la técnica de los recursos escasos como una prioridad. Por el contrario, ve en el objetivo de «llevar una vida más plena» el peldaño más importante para cambiar nuestras relaciones con la Tierra animada y con nosotros mismos. Desde este punto de vista, es fácil ver que existe una conexión entre la idea de sostenibilidad y la condición del ser individual, así como una relación no proporcional entre el aumento de la eficiencia y el aumento del estrés individual (aunque el neoliberalismo lo niegue). Si adoptamos esta perspectiva, empezaremos a ver que algo es sostenible si permite más vida, para mí, para otros individuos humanos implicados, para el ecosistema y para la cultura en su conjunto. Es crucial redescubrir el vínculo entre nuestra experiencia interior y el orden natural «externo». Reclamar el derecho a sentir nuestras necesidades auténticamente como seres encarnados que necesitan conexión puede convertirse en el principal acto político.

Para entender lo que significa «más vitalidad» desde el punto de vista de la sostenibilidad, y para ayudarnos a situar a la especie humana y al resto de la naturaleza en el mismo plano, propongo que consideremos «nuestra vida en común como seres encarnados», como denominador común para todos los organismos vivos. Conocemos esta dimensión porque habitamos el mundo desde dentro, como seres subjetivos. Al mismo tiempo, es una categoría que une las vidas individuales y define la vida como un proceso recíproco. La vida es lo que todos compartimos. Y la vida es lo que todos podemos sentir. La experiencia emocional de sentir nuestras necesidades y verlas satisfechas es un signo directo de lo bien que nos damos cuenta (o no) de nuestra vitalidad. Esto es válido para los humanos, pero también para todos los demás animales: para los hongos, las plantas, las bacterias, las arqueas; en fin, para toda la vida celular.

El mundo es un lugar que busca constantemente expresar sus poderes creativos a través de una continua interacción de relaciones significativas. En este escenario de «vida como seres encarnados», los seres humanos, como criaturas naturales, experimentan las fuerzas y estructuras de la naturaleza tanto como los demás seres. Pero nosotros, los humanos, tenemos una forma específica de lidiar con la apertura de la naturaleza y el desarrollo de la historia natural de la libertad. Somos capaces de acceder a una cultura simbólica a través de la cual imaginamos una práctica que proporciona los elementos básicos de la vitalidad fértil según las necesidades, ideas y lugares particulares, de modo que la propagación de la vitalidad fértil se convierte en un matiz constante de cualquier práctica imaginativa.[11]

Si entendemos la sostenibilidad como vitalidad y, por lo tanto, como aquello que nos hace vibrar con medios para el crecimiento y el desarrollo personal, esto nos da un campo de visión totalmente nuevo (y más preciso) para entender los retos que debemos afrontar. Como dijo una vez Storm Cunningham: a nadie le impresionará mucho que respondas a la pregunta «¿Cómo es tu matrimonio?» con un «Oh, es sostenible». Pero todos se llenarán de envidia si respondes: «Bueno, es energizante. Me hace sentir vivo».[12] A partir de la experiencia de vitalidad (que siempre se vive y se siente en cierta medida en primera persona), podemos decidir muchas cuestiones sobre cuál puede ser la acción más sostenible: es la que da más vida, la que es más fértil.

La vivificación y el *new deal* verde

Desde el punto de vista del Antropoceno, el dualismo de la Ilustración ha llegado a su fin. Esto tiene consecuencias inmediatas para nuestra consideración habitual de la naturaleza como un todo, como un otro que necesita protección. Algunos pensadores que propagan una próxima «era del hombre» llegan a acusar a los ecologistas de una fijación romántica con una naturaleza saludable, y a ver en ello el mayor obstáculo para una salvaguarda eficaz de las especies y los ecosistemas.

El programa ecológico estándar para el Antropoceno ya no desea excluir la naturaleza de las actividades humanas como algo ajeno y frágil, sino que espera proteger a otros seres a través de estas actividades. Esta postura está ganando cada vez más importancia en las agendas ecológicas. Se piensa que los beneficios van en ambas direcciones: se supone que los servicios de los ecosistemas proporcionan beneficios económicos, mientras que al mismo tiempo se supone que los ecosistemas y los organismos que proporcionan estos servicios se protegen a través de su mayor valor de mercado. *Economía eco-*

lógica significa integrar los procesos naturales en nuestro sistema económico y poner un precio virtual a sus prestaciones.[13]

La posición del Antropoceno comparte con esta noción de economía verde la suposición antropocéntrica subyacente: que podemos (o incluso debemos) partir de un punto de vista exclusivamente humano si queremos afrontar los problemas de sostenibilidad. Ambos consideran las teorías darwinistas y la ideología del libre mercado como premisas inexorables de la vida económica. Otra diferencia entre ambos enfoques antropocéntricos y la idea de vivificación es su postura sobre la perfectibilidad. Muchos pensadores del Antropoceno son estrictamente utópicos al creer que la tecnología puede optimizar la naturaleza imperfecta; el biocentrismo de la perspectiva de la vivificación reconoce, como una cuestión de teoría, los inevitables desórdenes, deficiencias y drenajes de eficiencia que forman parte de la realidad biológica y humana, que ninguna mejora cultural o tecnológica puede superar.

La idea que subyace a la dinamización difiere fundamentalmente de esas posturas populares y de moda para diseñar una «economía verde» como transición hacia un «nuevo acuerdo verde».[14] En estas propuestas, la oposición dualista entre cultura humana y la naturaleza y sus recursos ni siquiera se aborda, y mucho menos se resuelve. En todo caso, estos enfoques políticos intensifican esta tensión dualista al tratar de aumentar la eficiencia tecnológica y la objetivación de la naturaleza.

El «nuevo acuerdo verde» y las posturas afines coinciden en que la naturaleza también se comporta según las características del comportamiento humano económicamente viable, como la eficiencia, la parsimonia, la selección y la innovación constante. Están convencidos de que estos principios presumiblemente naturales pueden utilizarse para una revocación de la eficiencia. En el próximo capítulo veremos que un argumento sobre la naturaleza que en realidad deriva de los prejuicios culturales humanos no dará el resultado deseado en términos de sostenibilidad y equidad.

Filosóficamente, este argumento es una *petitio principii*. Postula el resultado observado como la razón subyacente de ese resultado. Desde el punto de vista ecológico, no se ajusta a lo que ocurre en los sistemas vivos. Todas las formas de economía verde están marcadas por la idea de que la naturaleza es un mercado con flujos de bienes y servicios. Este punto de vista lleva menos a la apreciación del valor de los procesos naturales que a la integración de estos procesos en las lógicas de producción de la economía de mercado. Sacrifica la vitalidad en favor de una mayor demanda de eficiencia. Se trata de la explotación de los poderes de la vida que se dan libremente y, por tanto, sigue un esquema muy antiguo.

En este ensayo no criticaré el enfoque de la «economía verde» en función de su capacidad o incapacidad para incitar a un cambio real. Solo diré aquí que el potencial de la economía verde para invertir las cosas es, como mínimo, dudoso. Los críticos señalan el «efecto rebote» (o la paradoja de Jevons), en el que el aumento de la eficiencia de la innovación verde puede disminuir los recursos utilizados en un mercado determinado y, en consecuencia, reducir los costes invertidos en el uso de ese recurso, pero también liberan ese dinero para gastarlo en otras cosas, lo que resulta en un aumento neto masivo del crecimiento económico y el uso de recursos. Podemos ver este efecto en el incremento de la producción de dióxido de carbono causado por las tecnologías de la información «eficientes» e internet.

Pero el problema es mucho mayor: todas las «revoluciones de la eficiencia» propuestas apuntan invariablemente a la propia naturaleza como modelo supremo de *efectividad*, no de vitalidad. Pero este modelo es erróneo. La naturaleza no es eficiente. Es despilfarradora, descuidada, olvidadiza, soñadora, sin plan, y en todo esto es muy redundante. Esto se reduce a una cosa: los productos y los agentes de la naturaleza (incluidos nosotros mismos) somos en gran medida comestibles. Este es el término para «totalmente reciclable» desde una perspectiva de vivificación. Podemos ver que esto trae consigo nociones de comunión y transformación, miedo y antagonismo, materialidad y emoción. La red de la vida no puede ser pensada ni remendada sin ellas.

Los seres vivos conforman un todo interrelacionado y encarnado, y los humanos solo constituyen una porción fraccionada de ese todo. El verdadero defecto de la perspectiva eficientista de la sostenibilidad es que la naturaleza se sigue viendo como algo «fuera» de nosotros que puede utilizarse con fines humanos. Pero la naturaleza no está fuera de nosotros. Está dentro de nosotros, y nosotros estamos dentro de ella.

Hay un límite para cualquier aumento de la eficiencia, y ese límite es la imperfección del ser encarnado: la «imperfección necesaria de toda creación», como la llamó el ya citado Gershom Scholem. Los seres humanos, como seres naturales, siempre sufrirán las deficiencias de este estado imperfecto y disfrutarán de sus dones. Es la imperfección de toda realidad concebible. Sus habitantes son mortales y están llenos de contradicciones, como todo organismo. La eficiencia superior no es capaz de mejorar esto. Pero puede velar esta estructura básica, que ofrece tragedia y dicha, y puede seducirnos a pensar en soluciones simples, en las que nos cegamos olvidando que no solo podemos tomar, también debemos dar. La eficiencia como solución para hacer justicia a la realidad supone un «error de categoría» en el pensamiento.

La idea de la vivificación difiere del enfoque de la economía verde en otro aspecto clave: mientras que la economía verde sigue comprometida con la idea del «crecimiento» material como la mejor manera de mejorar las condiciones de vida, una posición de vivificación reconoce que la naturaleza no crece en términos absolutos. El «PBI de la biosfera» (si se puede ser tan absurdo) ha permanecido constante durante mucho tiempo. La ecología es una economía de estado estable. No crece, evoluciona. El único factor de la naturaleza que se expande es su dimensión inmaterial, que podría llamarse *profundidad de la experiencia*: la diversidad de formas naturales y la variedad de maneras de experimentar la vivencia.

Una ciencia para la vida

Sin embargo, el rechazo al estudio de la vitalidad como fenómeno científico está disminuyendo. Hoy en día, muchas disciplinas científicas que han rechazado durante mucho tiempo una visión del mundo que pudiera abrir espacio a la experiencia humana primordial del sentimiento encarnado han empezado a buscar una salida al estancamiento. Reconocen la vitalidad como el punto central de una futura autocomprensión humana. De forma independiente, disciplinas como la biología, la psicología, la física, e incluso la ecología, están redescubriendo el fenómeno de la vida.

La biología, en particular, está aprendiendo que la naturaleza sentiente y la expresión de los sentimientos en los organismos no son meros epifenómenos, sino la forma en que los seres vivos existen en primer término. Los biólogos están trabajando en tiempos emocionantes, ya que se están produciendo grandes cambios en su paradigma científico. El terreno está bien preparado. Científicos como los embriólogos de Harvard Marc Kirschner y John Gerhart, los biólogos teóricos de Copenhague y de Tartu Jesper Hoffmeyer y Kalevi Hull, y la teórica de la ciencia Evelyn Fox Keller han empezado a reconocer que el significado y la expresividad están profundamente arraigados en el corazón de la naturaleza. Pensadores biológicos tan eminentes como Lynn Margulis, Francisco Varela, Terrence Deacon, Stuart Kauffman y Gregory Bateson han abierto un panorama en el que los organismos ya no son vistos como máquinas que compiten con otras máquinas, sino como un foco de autointerés existencial, que no solo existen de forma material, sino que están continuamente haciendo y expresando experiencias.

Estar vivo, quieren demostrar estos investigadores, no es un caso de mera causa y efecto, sino que también implica el juego de intereses encarnados y, por tanto, de experiencias y sentimientos. Investigadores del cerebro como Antonio Damasio han demostrado que estas emociones, y no la cognición abstracta, son la materia de la mente. Los hallazgos de la ecopsicología dejan claro que, si podemos relacionarnos libremente con otros seres en un mundo más-que-humano, tenemos más espacio para desplegar nuestras identidades como humanos: nos sentimos más sanos y, sucintamente, más «nosotros mismos».[15]

Si tenemos en cuenta todo este cambio actual en la biología, surge una imagen completamente diferente del mundo viviente, en la que los seres humanos ya no están fuera, sino que están profundamente entretejidos en los procesos de intercambio material, mental y emocional con el resto de la vida. Esta nueva visión tiene el potencial de provocar un cambio de paradigma tan importante como el que se produjo en la física a principios del siglo xx.

La ciencia física lleva mucho tiempo demostrando que la separación entre un observador (sujeto) y un fenómeno observado (objeto) es un artefacto del pensamiento causal-mecánico y lineal. Para la física cuántica, no hay localidad ni cronología temporal. Más bien, cualquier acontecimiento puede estar conectado con cualquier otro. El físico David Bohm ha llamado a esto «el orden implicado» del cosmos. Este punto de vista no solo cuestiona la localidad y la cronología, sino que difumina la separación entre la realidad física y la psicología. Existimos en un espacio-tiempo que es un continuo «dentro» (medios) y «fuera» (cuerpos), no en un espacio vacío lleno de objetos, sino como parte de una matriz de relaciones y sus significados.[16]

La biología se dirige hacia un giro similar al que tomó la física hace cien años. Se ha propuesto explorar la conexión emocional, simbólica y metabólica del observador humano con el resto de la biosfera. Cada testigo científico del mundo biológico –que es tan organismo como el que se investiga– es un espectador y, también, su propio sujeto de investigación, ya que está hecho de la misma materia y experimenta la vitalidad desde dentro. Uno de los primeros científicos biológicos de renombre que, recientemente, ha cambiado su actitud para admitir una dimensión de interioridad irreductible en su concepto del organismo humano es el científico evolucionista E.O. Wilson. Wilson se ha distanciado de la idea del «gen egoísta» de su colega Richard Dawkins. Para Dawkins, la experiencia, la subjetividad y la cultura son ilusiones que solo sirven para transmitir con éxito los propios genes a la siguiente generación. Wilson, por su parte, defendió la densidad de la imaginación cultural como algo que, en última instancia, no puede objetivarse, ya que aporta respuestas existenciales a la complejidad y contradicción a nuestra realidad biológica. Para explorar esta apertura del pensamiento biológico a la subjetividad biológica, Wilson cree que será necesaria nada menos que una «segunda ilustración».[17]

Si los procesos naturales dan paso inevitablemente a la subjetividad, el significado y el sentimiento, nuestra ciencia, y nuestra política y economía basadas en la ciencia, deben tener en cuenta estas dimensiones vividas. Esta segunda Ilustración es una nueva etapa de la evolución cultural que puede salvaguardar nuestros ideales científicos (y democráticos) de acceso común al conocimiento y a los poderes relacionados con él, al tiempo que valida la experiencia personal sentida y subjetiva y, por tanto, la esencia definitoria de la experiencia encarnada. La vivificación, tal como la imagino, incluye a otros seres animados que, al fin y al cabo, comparten las mismas capacidades de experiencia encarnada y de «creación de mundo».

El multifacético adiós al cliché de la objetividad también tiene consecuencias para otro ámbito crucial en el que se forjan las ideas de intercambio y comunión: la economía. La actividad económica es algo más que el intercambio de bienes y dinero. De hecho, consiste en una amplia gama de flujos materiales y relaciones significativas. Esta dimensión múltiple en la que se entrelazan los aspectos materiales y simbólicos-emocionales está siendo redescubierta por una rama revolucionaria de la economía que está creciendo rápidamente: la teoría de los bienes comunes.

El pensamiento de lo procomún se toma en serio la metáfora del hogar y vuelve a situar la tarea propia de la economía –la asignación sensata y la distribución justa de los recursos– en el centro de la explotación de la biosfera. Para el pensamiento del procomún, los procesos económicos consisten en flujos de materia y relaciones en un ecosistema. Estos no solo se centran en bienes, sino que también crean un sentido vivido. La asignación y la creación de sentido son inseparables.

Se den cuenta o no, los seres humanos participan en el intercambio ecológico de dones, que no solo distribuye bienes y servicios materiales, sino que también crea un sentido de pertenencia, dedicación y, por ello, de sentimiento y significado. En cualquier hábitat, el intercambio ecológico comprende un flujo de ida y vuelta de materia, energía y relación existencial en una economía de «regalos naturales».[18] Desde este punto de vista, el intercambio económico no puede distinguir de forma significativa entre agentes y recursos como entidades totalmente independientes. Están entrelazados. La vida nunca puede ser solo un recurso; siempre es también un regalo recibido por los demás miembros del ecosistema, cuyas contribuciones son necesarias para que un sujeto vivo sobreviva.

El intercambio metabólico es siempre significativo. Es una revelación poética del todo a través de transacciones particulares. Este significado se transmite como un don. Podemos aprender más sobre esa dimensión oculta en todo intercambio económico a través de un campo que, en principio, puede parecer ajeno a él: el arte. Al igual que la existencia ecológica solo es posible a través de los dones, el arte también lo es, como observa Lewis Hyde. Esto tiene que ver con el hecho de que el arte intenta captar la vitalidad desde el interior. Para que el ser vivo se revele en una obra de arte, una dimensión fundamental de su relación ecológica debe aparecer en la naturaleza de la obra como don.

Esto me lleva a la última dimensión en la que la noción de vitalidad está ganando cada vez más terreno: la expresión artística, la obra artística y la investigación artística. Las obras de arte nunca intentan demostrar el contenido en términos puramente objetivos, sino que siempre nos permiten una experiencia, al menos parcial, de lo que nos muestran. Los procesos creativos no representan el mundo, sino que lo hacen revivir de forma simbólica al contagiar al observador con el tipo de experiencia que pretenden transmitir. La expresión artística y la experiencia poética son la reserva cultural de la que podemos aprender sobre la vitalidad desde dentro, y a partir de allí comenzar nuestras propias exploraciones de la misma, aunque la propia autocomprensión del arte, en ocasiones, no tenga esa perspectiva, o incluso la rechace.

Los artistas –como los ecosistemas– trabajan con la imaginación y saben que es una fuerza real que puede incitar a transformaciones productivas. La intensificación de la vitalidad siempre equivale a una mayor autoexpresión y a una experiencia poética más profunda. Por lo tanto, cualquier cambio que pretenda hacer justicia a la dimensión humana (y, por lo tanto, vivida) solo puede arraigar si se convierte en un proceso artístico. Cada acto artístico es un acto de vivencia. No puede demostrarse ni representarse; únicamente puede compartirse.[19]

La nueva imagen de la realidad que prometen las artes y las ciencias es la de un universo profundamente sensible y significativo. La realidad es *poética-productiva* de nuevas formas de vida y de experiencias encarnadas siempre nuevas. Es expresiva de todas las experiencias subjetivas que viven los individuos. Es un universo en el que los sujetos humanos ya no están separados de otros organismos, sino que forman una malla de relaciones existenciales, una «red de vida» bastante real. Esta «carne del mundo», como la llamaba el filósofo francés Merleau-Ponty, quizá se entienda mejor como un juego creativo de superación de paradojas irresolubles de un momento a otro, no importa en qué ámbito –ecología, cultura, economía o las artes–.[20] La «carne del mundo» es un deseo de tacto y conexión que se manifiesta en gestos vivos de vitalidad.

Visto desde esta perspectiva, cualquier política de fomento de la sostenibilidad adquiere un nuevo alcance y una nueva medida de éxito. La sostenibilidad solo puede tener éxito si mejora la vitalidad de los agentes humanos, de la naturaleza y de la sociedad. Por lo tanto, será enriquecedor desarrollar una *política vivificada* más deliberada; no como una cuestión de leyes naturales que dictan el orden de la sociedad humana, sino como una estrategia para honrar las necesidades encarnadas de los individuos sensibles en un mundo más que humano.

Las acciones sostenibles desde la perspectiva de la vivificación serían acciones que a largo plazo hacen posible la continuidad de los procesos vitales. La sostenibilidad no consiste en garantizar la simple reposición de la oferta, sino en generar más vida, crear nuevas posibilidades de desarrollo y satisfacer las necesidades de forma novedosa. El economista Manfred Max-Neef ha demostrado que las necesidades básicas no son históricas, y que descuidar incluso una de ellas puede tener consecuencias patológicas.[21] Por lo tanto, «más vida» no puede definirse, ni en términos materiales, ni en términos psicológicos. Significa una vida que produce más sentido y experiencia participativa, e incluso más belleza. Una vida plena es una vida hermosa, aunque también puede ser una vida difícil, incluso trágica.

Una nueva narrativa de relaciones vivas

Es necesario explorar una nueva narrativa de lo que es la vida, lo que es estar vivo, lo que hacen los sistemas vivos y cuáles son sus objetivos. Es necesario explorar cómo los valores son creados a través de la realización de lo vivo, y cómo nosotros, como seres vivos en una biosfera viva, podemos adaptarnos a esa realidad, la única que tenemos. La nueva narrativa necesaria no puede ser un «hablar sobre» el otro como si fuera algo ajeno y sin relación. No puede ser una secuencia de respuestas, ya que ni siquiera hemos descubierto las preguntas. La narrativa necesaria no puede ser otra cosa que una forma de *hablar*. Este hablar es también un diálogo con aquellas zonas remotas de nosotros mismos que son silenciadas reflexivamente por nuestro miedo a hacer tambalear el barco, a no estar de acuerdo con el paradigma dominante. Tenemos que preguntarnos cómo la vida aporta experiencias significativas y valores existenciales a través de la realización, y cómo podemos imaginar el metabolismo necesario con el resto de la biosfera fuera del ámbito de esta realidad, la única que tenemos a nuestra disposición.

Aunque esta narrativa abarcará diferentes áreas y disciplinas, la vida es la dimensión vinculante para todas ellas. Como ser vivo, el organismo humano integra y conecta diversos campos de experiencia, intercambio metabólico y relaciones sociales. Sin embargo, la narrativa que propongo no es en absoluto un relato objetivista, no es una mecánica o cibernética de la realidad. Será objetiva en el sentido en que lo es la poética: transmitir sentimientos compartidos trabajando en la dimensión abierta de la imaginación continua, que es el campo de la vida misma. La narrativa que deseo desplegar aquí se esforzará, por tanto, en lograr la «objetividad poética» o la «precisión poética». Esta es la forma adecuada de describir el mundo vivo con su interminable despliegue de relaciones y significados existenciales.

La naturaleza, desde el punto de vista de la vivificación, no es un objeto causal-mecánico, sino una red de relaciones de sub-proyectos que tienen intereses individuales en mantenerse vivos, crecer y desarrollarse. Así pues, la vivificación significa llevar el pensamiento biológico más allá del cambio de paradigma que la física experimentó hace cien años, el cual condujo al fin del pensamiento new-toniano. Acabar con el pensamiento newtoniano en lo que respecta a la biosfera –otros organismos, nosotros como seres encarnados y el conjunto de procesos de intercambio ecológico y económico– significará reconocer que nosotros, los observadores humanos, estamos tan vivos y somos tan expresivos como los organismos y ecosistemas que observamos. Una biología así no es reduccionista. Su principal objetivo es comprender cómo la libertad está anclada en un mundo material y vivo.

Por lo tanto, la vivificación no es otra descripción naturalista de nosotros mismos y de nuestro mundo, destinada únicamente a traducir nuestros descubrimientos en cualquier política o economía específica que sea necesaria. La reflexión que propongo es, en efecto, naturalista, pero ofrece un naturalismo que se basa en la idea de la naturaleza como una práctica desplegada de libertad y creatividad siempre creciente, paradójicamente vinculada a procesos materiales y encarnados. La biosfera está viva, en el sentido de que no solo obedece a las reglas de las interacciones deterministas o estocásticas de partículas, moléculas, átomos, campos y ondas. La biosfera también produce agencia, expresión y significado.

Cuando empezamos a apreciar la realidad como un proceso vivo, todo cambia. Este es el reto que plantea la vivificación como paradigma para la transición a una nueva forma de pensamiento que abarca el sentimiento y la acción al mismo tiempo. Si ponemos la verdad vivida que se comparte con los demás en el centro de la escena, esto proporciona un fuerte mandato ético para intervenir en nuestro sistema global. La vivificación no solo sugiere estrategias de cambio, sino que cambia la perspectiva con la que se experimenta cualquier cambio. Ofrece una invitación a participar en la vida.

2. Bioeconomía: la megaciencia oculta

Dos doctrinas rigen nuestra época. Una es el neodarwinismo, con su principio de optimización biológica, en el que las adaptaciones funcionales supuestamente crean biodiversidad. La otra es el neoliberalismo, con su concepto de eficiencia económica, que supuestamente crea riqueza y una distribución equitativa. Existe una asombrosa conexión y un enorme apoyo mutuo entre estas dos metafísicas rectoras de nuestra cultura.

Durante más de ciento cincuenta años, ambos supuestos se han convertido en corrientes entrelazadas de un patrón de pensamiento coherente que forma la matriz básica de nuestra comprensión oficial de la realidad. Forman el «BIOS (sistema básico de entrada/salida)» de nuestra ontología. Del mismo modo que el BIOS de un PC es inaccesible para la interfaz del usuario, pero sigue determinando la forma en que el sistema operativo se comunica con el *hardware*, el BIOS de nuestra cultura es muy difícil de cuestionar, ya que incluso las preguntas críticas se siguen formulando en un lenguaje que refleja los supuestos ontológicos implícitos.

El BIOS define, en primer lugar, aquello de lo que se puede hablar. Todo lo demás debe permanecer en la bruma de vagas nociones personales, y por ello es muy difícil de incorporar a la autocomprensión de una cultura. La optimización eficiente es la «metáfora absoluta» de nuestra época, en el sentido en que el filósofo cultural alemán Hans Blumenberg utilizó el término para entender cómo ciertos conceptos culturales crean realidad. No hay fundamento cognitivo más profundo que estos conceptos. Son el material con el que se construye nuestra visión del mundo. Sin embargo, pueden ser erróneos.[1]

Las premisas del neodarwinismo y del neoliberalismo constituyen la comprensión tácita predominante del funcionamiento del mundo. Dentro de su profunda y compacta estructura lógica, las dos corrientes de la teoría de la optimización biológica y económica se refuerzan mutuamente y son tan normativas que el pensamiento respetable las considera incuestionables.[2] No es casualidad que *eco-nomía* y *eco-logía* sean términos casi idénticos. Ambos se basan en la metáfora del cuidado de la casa y el suministro de bienes y servicios existenciales (la palabra griega *oikos* significa «casa», «hogar», «familia»). Los dos términos describen la organización de la oferta existencial, el suministro de bienes y servicios esenciales, que en ambos casos se organiza de forma muy similar.

La ecología, al igual que la economía, parte de la idea de que mantener una casa y ganarse la vida es un teatro de competencia y competición cuyo objetivo es una eficiencia cada vez más óptima. Sobrevivir significa derrotar a los demás, y una mayor eficiencia es necesaria si se quiere superar al adversario. En la narrativa neodarwinista y neoliberal, el hogar no es, sin embargo, un lugar en el que los agentes del sentimiento persiguen su bien individual. Desde este punto de vista, el hogar no significa casa y hogar cálido. El proceso de creación de un hogar se concibe extrañamente como algo completamente sin sujeto. Su lógica no tiene en cuenta la presencia real de los agentes, y mucho menos sus necesidades. De hecho, no tiene en cuenta la vida en absoluto.

En sus formas dominantes actuales, tanto la ecología como la economía conciben el proceso de creación de hogares como algo sin sujeto y autoorganizado, en el sentido de que las leyes eternas y extensas (de selección y de libre mercado) recompensan o castigan el comportamiento de los elementos más o menos aptos –cajas negras atomísticas llamadas *Homo economicus* (hombre económico)– o, en su formulación más moderna, el «gen egoísta». Para obtener resultados en este marco de pensamiento, ni la economía contemporánea, ni las «ecociencias» tienen que considerar la experiencia real y vivida. La agenda ha excluido la vida en el sentido existencial y experiencial. La megaciencia bioeconómica predominante proporciona la metafísica profunda de nuestra época. Es una ciencia de lo no vivo.

La metafísica de la eficiencia como realidad social del siglo XIX

Tanto el darwinismo como el liberalismo nacieron en la Inglaterra previctoriana más o menos al mismo tiempo. Sus premisas teóricas se refieren explícita e implícitamente a las condiciones y prácticas sociales de un país que había sufrido los desgarradores trastornos de la industrialización. En aquella época existía una sociedad rígidamente estratificada sin ningún sistema estructurado de atención social y cooperación. Esta situación proporcionó el marco para un clima cultural que dio origen tanto a la teoría evolutiva como al pensamiento económico moderno, cada uno de los cuales proporcionó inspiración al otro. Probablemente, podemos decir, incluso, que, fundamentalmente, ambas teorías «eco-» son ramas del mismo marco ontológico. La ecología y la economía, centradas en la competencia material y en la selección de objetos funcionales, están construidas sobre la misma doctrina subyacente. Por su proximidad intelectual, el pensamiento evolucionista darwiniano y las teorías de libre mercado de Adam Smith se convirtieron en una especie de economía política de la naturaleza.

Mientras Charles Darwin se esforzaba por dar una explicación sobre la diversidad de la naturaleza viviente, el economista político Thomas Robert Malthus propuso una idea que se convertiría en fundamental en el desarrollo de la teoría evolutiva y en la comprensión actual de la biología como resultado de la evolución por optimización. Malthus estaba obsesionado con la idea de la escasez como motor del cambio social. Nunca habrá suficientes recursos para alimentar a una población que se multiplica de forma constante, argumentaba, y debe producirse una lucha por el dominio en el que el más débil perderá necesariamente.

Charles Darwin adoptó esta teoría socioeconómica, extraída de las observaciones de Malthus sobre la sociedad industrial victoriana, y la aplicó a su propia teoría global del cambio natural y el desarrollo. Darwin no podría haber desarrollado su teoría empírico-biológica de la selección únicamente a través de sus descubrimientos en el viaje del *Beagle,* sino que tuvo que haberse informado de algo más allá de las observaciones del cambio natural real a largo plazo. El padre de la teoría evolutiva necesitaba incorporar ideas derivadas de las prácticas sociales de su tiempo. Aparte de recurrir a Malthus para la idea de una sobreproducción natural de crías para permitir a la selección sus poderes de formación, el argumento de Darwin se basaba en las experiencias y prácticas de los criadores victorianos. En ese momento, estas experiencias y prácticas estaban creando el concepto biológico moderno de la «raza», entendido como una suma de cualidades óptimas desarrolladas para una determinada tarea necesaria para tener más éxito económico. El propio Darwin era un criador, y criaba palomas y orquídeas, entre otras especies.

La disciplina resultante, la biología evolutiva, es un reflejo más exacto de las prácticas sociales previctorianas que de la realidad natural. A raíz de esta toma de posesión metafórica, conceptos como la lucha por la existencia, la competencia, el crecimiento y la optimización –que eran justificaciones centrales del *statu quo* político en la Inglaterra previctoriana– se convirtieron en piezas centrales de nuestra propia autocomprensión como seres encarnados y sociales. Y siguen siéndolo hoy en día, especialmente en aquellas partes del mundo que todavía se parecen a partes de la Inglaterra prebélica en sus organizaciones sociales.

El progreso biológico, tecnológico y social, según se argumenta, es fruto de la suma de egos individuales (genes egoístas o agentes maximizadores de la utilidad) que luchan por superar a los demás. En una competición perenne, las especies aptas (empresas poderosas) explotan nichos (mercados) y multiplican su tasa de supervivencia (márgenes de beneficio), mientras que las más débiles (menos eficientes) se extinguen (quiebran). Esta doble metafísica de la economía y la naturaleza, sin embargo, revela mucho más la opinión de nuestra sociedad sobre sí misma que cualquier explicación objetiva del mundo biológico.

De hecho, la amalgama de la ecología y la economía se dirige explícitamente contra la idea de entender la realidad como un bien común. Es un baluarte contra la experiencia de la vida como interrelación de ecosistemas que pueden florecer a través de una cultura de intercambio y habilitación mutua. Malthus desarrollo su teoría en torno al clímax del movimiento de cercamiento. En esa época, la población urbana crecía rápidamente: los campesinos seguían siendo expulsados de sus aldeas rurales a las ciudades por los propietarios de tierras que habían sustraído los bienes comunes al uso común y habían empezado a intensificar la agricultura mediante la empresa privada. Aquí, el concepto de raza eficiente se solapaba con la idea de uso eficiente de la tierra. Ambos convirtieron la vida en un mero recurso, algo por lo que competir con otros.

El proceso histórico por el que los terratenientes privados habían excluido a la población humana del ecosistema que sostenía su sustento era algo que Malthus consideraba no como un efecto social, sino natural.[3] A Malthus le parecía obvio que no había suficientes recursos para alimentar a todo el mundo, pero, en realidad, estos recursos habían sido arrebatados por algunos. Este es otro caso de *petitio principii,* de tomar una consecuencia como la causa de un problema y, en consecuencia, considerar a las víctimas de estas consecuencias como su fuente evidente. Este estilo de razonamiento tóxico forma parte de los intentos de la economía liberal de imponer medidas supuestamente necesarias que destruyen los procesos de vitalidad.

El préstamo recíproco de metáforas entre las disciplinas no solo transformó la biología, sino que también se reflejó en la economía, que llegó a verse cada vez más como una ciencia natural «dura». La economía derivó deliberadamente sus modelos de la biología y la física, culminando en la formulación del concepto matemático de *Homo economicus*. Los libros de texto universitarios todavía invocan a los economistas del siglo XIX que mezclaron conceptos de las ciencias de la naturaleza con la teoría económica. El economista y lógico británico William Jevons postuló que la economía debía describir las relaciones humanas en todos sus aspectos y, en consecuencia, formular las leyes del corazón. Su colega francés, Léon Walras, afirmó que el «equilibrio económico» sigue leyes deterministas importadas de la física.[4]

La imagen resultante –el individuo concebido como una máquina egoísta que siempre busca maximizar su utilidad– se ha convertido en el modelo implícito, omnipresente, de los valores y comportamientos humanos. Ha proyectado su sombra sobre toda una generación de enfoques psicológicos y de teorías de juegos de la ecología. Por su parte, la biología evolutiva también se ha inspirado en los modelos económicos. La idea del «gen egoísta», por ejemplo, no es más que la metáfora del *Homo economicus* extendida a la bioquímica.

No es de extrañar, por lo tanto, que la biología y la ecología hayan llegado a funcionar como dos ramas de una misma ciencia. Ambas trabajan con los mismos presupuestos estructurales. Y ambas excluyen la esfera de los seres vivos y la experiencia vivida de su descripción de la realidad. El gran peligro de este modelo de pensamiento cerrado y totalizador es su capacidad para oscurecer la realidad y convertirse en una profecía autocumplida. Si estamos convencidos de que tenemos que describir la realidad no como viviente, y la tratamos en consecuencia, la vida y los procesos vivientes se convierten en campos muy problemáticos de pensamiento y acción. Se vuelven inescrutables, cuando no sospechosos. Mueren.

Esta es nuestra situación actualmente. Si nuestros sistemas formales de pensamiento sobre la biosfera la describen como no viva, el resultado será la violencia contra la vida. Si concebimos a los seres humanos como *Homo economicus,* como seres autómatas no sentientes cuyos comportamientos pueden describirse por medio de algoritmos, lo sentiente será ignorado, incluso prohibido, y la experiencia sentiente será vista como irrelevante. Una ontología bioeconómica generará inevitablemente una indiferencia hacia la vida. Lo cual conducirá a la pérdida de especies y a la extinción de la experiencia. Dará lugar a una anestesia hacia la experiencia vivida y las necesidades emocionales.

En cambio, ver la realidad como un proceso vivo lo cambia todo. Este es el reto que ofrece el paradigma trascendente de la vivificación. Su insistencia en que nuestras políticas se centren en la experiencia vivida proporciona la mayor influencia ética posible para intervenir en nuestro sistema global.[5] Este enfoque es discutible en la cultura política actual, por supuesto. Pero el cambio político debe empezar por imaginar una realidad diferente. Solo imaginando un mundo diferente se ha podido cambiar el mundo actual.

El encierro del alma

Podemos llamar a la alianza entre la biología y la economía una *ideología económica de la naturaleza*. Hoy en día reina sobre nuestra comprensión de la cultura humana y del mundo. Define nuestra dimensión corporal (el *Homo sapiens* como máquina de supervivencia gobernada por genes), así como nuestra identidad social (el *Homo economicus* como maximizador egoísta de la utilidad). La idea de competencia universal unifica las esferas natural y socioeconómica. Valida la noción de rivalidad y de interés propio del depredador como hechos inexorables de la vida. Hay que eliminar al mayor número posible de competidores y quedarse con el mayor trozo del pastel para uno mismo. La ideología económica de la naturaleza equivale a una licencia para robar la vida de los demás.

En realidad, las raíces de este pensamiento son anteriores a la época victoriana. El filósofo Thomas Hobbes vio el mundo como una «guerra de todos contra todos». Pero esto era también un eco de la cultura contemporánea, no una observación basada en una realidad absoluta y eterna. Hobbes vivió en una época en la que se produjo el cercamiento forzoso de los bienes comunes, el robo privado de los abundantes suministros de la naturaleza que antes habían estado abiertos, en principio, a todo el mundo.

Este proceso se describe como el *cercamiento de los comunes*. Comenzó en el siglo XVI en Gran Bretaña y tuvo su período más intenso a finales del siglo XVIII y principios del siglo XIX. Alrededor de 1830, la privatización de las tierras británicas estaba prácticamente completada y las últimas estructuras medievales se habían derrumbado. En otros países europeos tardó bastante más tiempo y nunca llegó a completarse del todo. En Alemania, los primeros cercamientos condujeron a las brutales guerras campesinas del siglo XVI. En Gran Bretaña se clausuraron pueblos enteros y se deportó a su población a las colonias norteamericanas o australianas. En todas partes, los cercamientos dieron lugar a una población rural empobrecida que alimentaba a las clases bajas indigentes de las ciudades en crecimiento, que luego se convirtieron en la reserva de trabajadores para la industria en ciernes.

La colonización del mundo no europeo supuso en muchos lugares un cercamiento a gran velocidad de bienes comunes fértiles y de gran belleza. El mundo de los nativos americanos, por ejemplo, se había construido sobre los principios de donación mutua y reciprocidad con los seres humanos y otros seres. Cuando llegaron los colonos, este cosmos fue literalmente destruido.

El robo de los bienes comunes no fue solo un proceso político. Con él comenzó también el cercamiento de la consciencia, un control sobre las necesidades existenciales y emocionales legítimas, y un dominio sobre lo que podía considerarse realmente existente, en contraposición a lo meramente imaginado. En su influyente libro *La gran transformación,* el economista Karl Polanyi describió cómo la racionalidad económica se apoderó de la práctica de participar en el ecosistema. Esta «gran transformación» destruyó la comprensión de que los seres humanos forman parte de una comunidad más amplia de lo vivo. Condujo a un mundo en el que no hay más que mercancía: los humanos, vendidos como fuerza de trabajo, y la naturaleza, vendida como recurso.

En su legendario análisis, Polanyi explicó que el surgimiento del fascismo y el estalinismo fueron reacciones explosivas al encierro de la vida que operaba a través de las restricciones económicas. Resulta aleccionador que el control de la economía del mercado sea hoy aún más fuerte que en los años veinte. Lo que entonces era el «patrón oro» de la banca es hoy la regla del Fondo Monetario Internacional. A partir de aquí, podemos obtener una nueva y sorprendente perspectiva sobre el ascenso del neofascismo, ya sea en forma de extremismo religioso o de populismo posdemocrático.[6]

El cercamiento y la economía contemporánea que emergió a raíz de ese cercamiento, separando recursos y consumidores, causa y efecto, no solo gobernaron la asignación de la tierra, sino que también redistribuyeron los espacios de la consciencia. En realidad, la separación forzosa entre lo que daba la vida (la biosfera) y aquellos que fueron obsequiados por la vida (los comuneros) fue un acto de violencia por parte del terrateniente, quien excluyó a los miembros del ecosistema de sus legítimas posesiones y, por tanto, dañó a estos participantes, al propio ecosistema y a la experiencia unificadora de la coherencia autoorganizada. Sin embargo, el propietario lo hizo gracias al poder de la ciencia moderna, que le proporcionó el aparato conceptual necesario para llevarlo a cabo.

La declaración de la dominación de la naturaleza –cuya expresión célebre la encontramos en Francis Bacon– fue menos una visión del funcionamiento de la realidad que una estrategia de conquista, ideada por la clase dirigente de una sociedad altamente jerarquizada y reacia a toda forma de compartir. El desarrollo del pensamiento económico moderno centrado en la competencia sin fin, se ha desarrollado en paralelo al dualismo. ¿Podríamos decir, incluso, que el dualismo es en sí mismo capitalismo? La división metafísica del mundo en «materia bruta» que debe ser explotada y «cultura humana» que debe explotarla coloca la vida humana en una relación problemática –incluso absurda– con el resto del universo. Pero también retira automáticamente los derechos existenciales de todos aquellos que viven en una reciprocidad más profunda con ese universo.

Este régimen ha reinado hasta hoy. Encierra nuestras mentes y prohíbe ciertos pensamientos. Funciona a través de un *Denkverbot*, como se denomina en alemán a la anulación legal de los pensamientos ajenos. Entre las prohibiciones de pensamiento actuales, está la afirmación de que las emociones –aunque construyen la estructura fundamental de nuestra experiencia– no pueden desempeñar ningún papel en ninguna descripción válida de la realidad. Pero las prohibiciones de los pensamientos –o sentimientos– han tenido consecuencias prácticas. En la medida en que no nos permitimos pensar como seres en conexión, nos encerramos en la naturaleza, distanciando nuestra alma de ella. Podríamos llamar al estado resultante lo que Heidegger describió como un «desamparo metafísico». Los colonos que, originalmente, cercaron extensiones físicas de tierra para utilizarlas de manera más rentable eran pobres metafísicamente, como eran pobres materialmente los colonizados a los que expulsaron. Esto es lo que ocurre cuando rompemos la cadena de dones, aunque sea aparentemente a nuestro favor: todo el mundo se empobrece.

Las ideologías del desprecio que siguieron a los encierros físicos son síntomas de esta situación. Mediante el poder de unos pocos propietarios poderosos, la humanidad fue expulsada del cosmos en el que había desempeñado un papel activo y que la había alimentado. A través de sus posesiones materiales, los terratenientes también controlaban la narrativa. Al contrario de lo que afirmaba Antonio Gramsci, la hegemonía cultural seguía a la riqueza. Estos pocos sujetos ricos y poderosos desterraron a la humanidad de la naturaleza que nos rodea, que nos había proporcionado la conexión y la experiencia de estar conectados con la realidad. Ahora ya no era posible relacionarse con los demás seres en términos sencillos, sino que pasaron a ser vistos como enemigos, habitando una naturaleza violenta, cruel y despiadada. Lo que había sido un lugar de conexión se convirtió, a través de los intereses del poder por parte de unos pocos agentes, en responsable de la miseria que en verdad no era causada por la «naturaleza cruel», sino que era algo infligido por despiadados supresores humanos. Un crimen casi perfecto. Los psicólogos llaman a este tipo de confusión *proyección*. Lo que había sido la fuerza motriz de unos pocos actores, el egoísmo sin reciprocidad, se transformó en una característica del dominio que se reprimía para convertirlo en chivo expiatorio. Esta forma de tergiversación de la realidad forma parte de cualquier relación con un individuo profundamente perturbado. Ninguna relación genuina puede construirse en una atmósfera de este tipo.

El pensamiento económico proporciona las herramientas para adquirir físicamente lo que la cultura ya había colonizado conceptualmente como «materia prima». La cultura, dominada por los propietarios ricos, tiene el monopolio de la atribución de sentido. En muchos aspectos, fue este movimiento el que creó los principales problemas de la filosofía que siguen ocupándonos hoy en día, como la cuestión de Kant sobre cómo es posible la experiencia del mundo exterior. La agonía de la separación que ha hecho sufrir a tantos pensadores, y que ha sido un tema urgente para el pensamiento filosófico desde el Romanticismo británico y alemán, es, al menos en parte, un producto de esta ideología de la separación, que se construyó, no sobre bases conceptuales, sino sobre el muy real interés propio de actores muy reales.

Incluso se podría argumentar que el problema ecológico es, en el fondo, un problema de igualdad, y que la democracia necesita una conexión saludable con la vitalidad propia de sus participantes si no quiere ser invadida por la colonización mental. Más adelante veremos con más detalle hasta qué punto esta conexión se realizaba en las organizaciones sociales de las sociedades de la Edad de Piedra. Las sociedades indígenas originales casi siempre carecen de soberano. Las decisiones son tomadas por un comité elegido, que puede ser disuelto en cualquier momento. La democracia podría ganar mucho más apoyo en las sociedades si la reciprocidad total se convirtiera en la norma de todas las relaciones. La reciprocidad en todos los niveles de intercambio significa entender el intercambio como una práctica social que otorga identidad emocional desde el principio y comprender el hecho de que respirar y comer, amar y cuidar son también formas de intercambio. Los problemas sociales y ecológicos surgen inmediatamente cuando la idea de reciprocidad como principio cósmico se viola y deja de guiar las acciones humanas, algo que pudo ocurrir con la transición de las sociedades de cazadores-recolectores a las sociedades agrícolas.[7]

Cabe destacar que, a diferencia de muchos filósofos que abordan la configuración dualista como si fuera un dilema objetivo, algunos economistas liberales reconocen abiertamente la inadecuación de su visión del mundo, incluso cuando se aferran a ella de forma obsesiva. John Maynard Keynes, por ejemplo, criticó el marco estándar del pensamiento económico como algo que pervertía las actitudes más nobles de la vida. «Durante al menos otros cien años, debemos fingir ante nosotros mismos y ante todo el mundo que lo justo es malo y lo malo es justo; porque lo malo es útil y lo justo no lo es», escribió.[8] Pero Keynes también creía en la utilidad de dividir el mundo en dos, para evitar que se deslizara hacia el abismo, así como en una relación tóxica con la realidad: «La avaricia y la usura y la precaución deben ser nuestros dioses durante un poco más de tiempo», proclamó, si queremos pasar de «la oscuridad económica a la luz del día». Pocos han hecho una descripción más precisa del pacto con el diablo.

El dualismo como colonización

El dualismo, por tanto, no es una mera abstracción.[9] Ha sido la fuerza motriz que separa a los humanos de la experiencia de la vitalidad creativa. Se encuentra en el corazón de la idea histórica de la Ilustración de que el mundo puede convertirse en un lugar habitable solo por medio de la razón. Aplicar la razón al mundo significa ordenar sistemáticamente sus componentes en un conjunto que es por completo independiente de las acciones de un agente racional. La razón es también la base de la lógica del mercado que distingue entre actores y cosas. Todos estos fenómenos son consecuencia de un recinto que, inicialmente, es imaginario, pero que luego se convierte en performativo. Como una profecía autocumplida, el dualismo conduce a una escisión material de la realidad, a un mundo herido. El sistema de mercado liberal, que distingue entre recursos (que se comercian) y sujetos (que comercian o que quieren abastecerse de cosas), es el producto de este dualismo conceptual.

Desde esta perspectiva, no hay diferencia entre el cercamiento, la mercantilización y la colonización. Los tres movimientos atacan a los sistemas vivos que no tienen dueño humano, sino que son propiedad de ellos mismos, como es el caso de todo lo que está verdaderamente vivo y da vida. Al mismo tiempo, pisotean las identidades psicológicas y emocionales vinculadas a estos recursos, porque ignorar el hecho de que los seres son vivientes los mata. La colonización, en cualquiera de sus formas, es un ataque a la propia vitalidad, ya que niega una capacidad de vida indisponible e incomprensible para la mente dualista. Por lo tanto, también es un ataque a la realidad. El politólogo David Johns observa: «El colonialismo no es más evidente y próspero en ningún lugar que en la relación entre la humanidad y el resto de la tierra».[10]

Probablemente podemos decir que el capitalismo es en realidad eso: una apropiación de vida depredadora que se nutre de los poderes autocreadores de los seres y explota su insaciable deseo de dar vida. No es de extrañar, pues, que el capitalismo explote los «recursos» de la naturaleza, de la familia, de las mujeres (como cuidadoras y dadoras de vida). El capitalismo debe consumir los dones de la vida de los demás porque es supremamente improductivo. Ser fértil es dar vida. El capitalismo, sin embargo, es la negación sistemática del principio del don, y saca su energía de esta negación. En última instancia, se alimenta de nuestra capacidad de dar vida. Los seres vivos no pueden dejar de ofrecer este don, porque la vida se construye sobre el principio de entregarse para transformar.

Los recursos que el capitalismo puede explotar son, por tanto, casi infinitos. Solo dejarán de fluir con la muerte real de la vida que ha subyugado: con la ruptura literal de la naturaleza, de las relaciones fértiles y de las familias. La afirmación de que el capitalismo crea plusvalía por medio de las relaciones del capital es errónea. Reduce el don de la vida a nada más que riqueza monetaria, y solo para los relativamente pocos que mandan. El verdadero trabajo del capitalismo ha estado tan bien escondido hasta hoy porque, aunque los sistemas naturales están siendo sobrecargados y el número de especies está en franca disminución, el don de la vida sigue siendo solo relativamente escaso. Esto significa dos cosas: en primer lugar, que la vida en la biosfera sigue siendo abundantemente fértil y productiva y, en segundo término, que la vida seguirá derrochándose de manera extensa hasta que se rompa su última cuerda, dejando oculta una inminente catástrofe. La verdadera escasez es invisible porque la vida seguirá regalando hasta el último aliento, pues tal es su naturaleza. La estratagema del capitalismo produce el crimen casi perfecto. Sus rastros son invisibles debido a que la complacencia de la víctima es total. No podemos evitar ser complacientes. Reconocer que esto ocurre es, por tanto, la primera brecha necesaria en las vallas que nuestros recintos mentales han levantado.

El enclaustramiento usurpa las categorías de la existencia y desvaloriza el concepto de vivencia, así como las dimensiones de la experiencia vinculadas a él. Las prácticas de enclaustramiento conceptual niegan de forma preventiva la existencia de otro no disponible, lo que hace imposible conceptualizar y honrar la experiencia real y subjetiva. Este otro no es solo la naturaleza o un individuo de una cultura extranjera; es la experiencia de una dimensión de la realidad que solo puede ser vivida y no capturada por la conceptualización racional. Este otro es el dominio de la realidad experimentada físicamente que precede a toda conceptualización y colonización: es la felicidad que experimentamos al ver salir el sol o al ver a un compañero querido, a un cachorro o la dimensión del significado de una obra que beneficia a todos y no solo a nosotros mismos. Es el ámbito de lo que Manfred Max-Neef cataloga como «necesidades humanas»: las dimensiones existentes de las relaciones sanas con uno mismo y con los demás.[11]

El encierro se produce a través de un tipo de pensamiento que ignora los procesos creativos y los significados de las emociones, ambos originados en el cuerpo. En su lugar, el encierro subordina estos sentimientos a la racionalidad, la administración, el empirismo, la discursividad y el control. Este pensamiento culmina en la idea de que el mundo más-que-humano y el propio cuerpo no existen, sino que son únicamente artefactos de la cultura. En la sociedad moderna, se considera ingenuo creer que la alteridad viviente pueda experimentarse de verdad como un dominio de creatividad, o que exista un parentesco perceptible de estar vivo que comparten todos los seres vivos y que puede experimentarse. Nuestros marcos cognitivos y nuestro uso del lenguaje niegan esta realidad, lo que equivale a un encierro mental y espiritual. Pero la colonización de nuestra esencia más íntima desemboca ineludiblemente en lo que el biofilósofo David Kidner describe como un «yo vacío».[12]

Este vacío *de facto* es diagnosticado por muchos como un «narcisismo civilizatorio» psicopatológico que marca nuestra época. En la resurgente obsesión de la humanidad por tratar la Tierra como un recurso bruto e inerte (por ejemplo, la geoingeniería para prevenir el cambio climático, la biología sintética para «mejorar» la naturaleza, etc.), la Ilustración está dando un último empujón a la soberanía sobre el cosmos. Aquí el Antropoceno es completamente idéntico al antropocentrismo. Las viejas nociones de superioridad, control y dominio técnico del ser humano quedan ocultas por la equiparación de este con la naturaleza, poniéndolos en pie de igualdad.

Incluso un teórico sofisticado como Bruno Latour cae en este error de categoría cuando tranquiliza a sus lectores: «El pecado no es querer tener dominio sobre la naturaleza, sino creer que ese dominio significa emancipación y no apego».[13] Dado que las personas están, de hecho, vinculadas a través de las relaciones (tanto con la Tierra, como con las demás), la falacia radica en que intentan dominar lo que las abraza de una forma que no comprenden; están ciegas a la realidad y son propensas a actuar de forma destructiva.

El filósofo italiano Ugo Mattei cree que incluso el acto de dividir el mundo en sujeto y objeto da lugar a la mercantilización de ambos.[14] La mercantilización del espíritu encuentra inevitablemente su expresión deformada en el plano real y político. La naturaleza es desterrada a la periferia del mundo humano, aunque siga nutriéndonos y sosteniéndonos, produciendo todo lo que comemos y siendo el manantial de la energía creativa. Toda separación en sujeto y objeto divide el mundo en dos ámbitos: los recursos y quienes lo aprovechan. Esta frontera no es necesariamente entre las cosas y las personas (o entre la materia y las criaturas), sino entre lo que se consume y los que se benefician de este consumo.

Así, no solo sufrimos por la modificación del mundo natural y social. Sufrimos porque nuestra conceptualización del mundo permite que la mercantilización sea la única forma de relacionarse con él. Ya no es posible hablar del mundo a través de las categorías de la vivencia subjetiva. Sufrimos por el encierro de lo espiritual a través de innumerables ficciones culturales de separación y dominación que dividen falsamente el mundo en un exterior (recursos) y un interior (actores). Conceptos como las relaciones estrictas de causa y efecto, los mecanismos causales, la separación del cuerpo y el alma –todos ellos premisas fundamentales del pensamiento ilustrado– hacen que tomemos la realidad como rehén. La colonizamos creyendo en el concepto de un mundo tratable, reparable y controlable. Cualquier experiencia que contradiga este encierro de la realidad debe ser descartada o negada.

Sin embargo, la mayoría de nosotros no somos conscientes de las pantallas taxonómicas profundamente engañosas de nuestro lenguaje y nuestra visión del mundo. Nosotros apenas podemos imaginar hasta qué punto nuestra visión de la realidad está distorsionada por el encierro espiritual. No nos damos cuenta de que la naturaleza autoorganizada de nuestra vida cotidiana ha desaparecido. Sin embargo, esta desposesión es mucho más radical que la experimentada por los comuneros encerrados en sus bosques hace unos cientos de años. No nos damos cuenta de que concebirnos a nosotros mismos como máquinas biológicas nos ha empobrecido como seres humanos, y que tratar las emociones perturbadoras principalmente como «desequilibrios químicos» (que deben corregirse con productos farmacéuticos) niega una dimensión elemental de nuestra humanidad.

Impedir que los sujetos vivos participen en los bienes comunes de la realidad y su mezcla de prácticas y emociones, objetos y aspectos de significado, es destructivo en otro aspecto grave: nos ciega a la naturaleza del propio encierro. La ideología general del encierro es una ideología de control y dominio, y una negación de las relaciones duraderas. Esta visión sistemática del mundo no solo es injusta y peligrosa, sino que desafía descaradamente la realidad.

La fertilidad del despilfarro

¿Cuáles son los defectos biológicos de nuestra visión bioeconómica? ¿De qué manera tergiversa la biología real? ¿Qué mitos sobre la
vida crea que no pueden ser validados por la realidad? ¿Qué podemos decir sobre la validez de los supuestos comunes del paradigma
bioeconómico? La mayoría de ellos, si no todos, ignoran el hecho de
que somos sujetos vivos en un mundo viviente que emerge de forma
continua a través de la agencia subjetiva y creadora. Los supuestos
ortodoxos de la bioeconomía ya violan el estado de la cuestión de
la investigación en las ciencias físicas, las cuales muestran que no
es posible ninguna relación entre sujetos y objetos si se separan
claramente el observador y lo observado. ¿Qué observaciones de
la ecología (el hogar natural) podría fomentar un cambio hacia una
vivificación económica?

La visión biológica predominante del mundo orgánico –y la imagen de los seres humanos en él– está cambiando. Las nuevas investigaciones están desplazando el paradigma de la idea darwiniana de
un campo de batalla entre máquinas de supervivencia antagónicas a
la de una compleja interacción entre diversos agentes con objetivos
y significados conflictivos y simbióticos. En el nuevo paradigma biológico, el organismo empieza a verse como un sujeto que *interpreta*
los estímulos externos y las influencias genéticas en lugar de estar
gobernado causalmente por ellos. Un organismo negocia los términos
de su existencia con otros en condiciones de competencia limitada
y «causalidad débil». Este cambio en los axiomas del «liberalismo
biológico» está abriendo una nueva imagen del mundo orgánico en la
que la libertad evoluciona y los organismos, incluidos los humanos,
desempeñan un papel activo y constructivo en la imaginación y cons-

trucción de nuevos futuros. El mundo natural, tal y como funciona realmente, *refuta* muchos axiomas de la cosmovisión bioeconómica.

Eficiencia

La biosfera no es eficiente. Los animales de sangre caliente consumen más del 97% de su energía solo para mantener su metabolismo. La fotosíntesis alcanza una tasa de eficiencia ridículamente baja, del 3 al 6%, muy inferior a las soluciones técnicas fotoenergéticas. Los peces, los anfibios y los insectos tienen que producir millones de huevos fecundados solo para permitir que unos pocos descendientes sobrevivan. La parsimonia no se encuentra en la naturaleza. En lugar de ser ahorrativa y eficiente, la naturaleza es muy derrochadora. Compensa las posibles pérdidas con un despilfarro masivo. La organización biológica se hace posible mediante el «orden gratuito» (Stuart Kauffman),[15] a través de estructuras que no son eficientes, sino que simplemente surgen por sí mismas a través de ciertas constelaciones que a menudo se caracterizan por un alto grado de desorden. La propia biosfera se basa en una «donación», la base de todo el trabajo biológico –la energía solar– que nos llega como un regalo del cielo.

Crecimiento

La biosfera no crece. La cantidad total de masa biológica no aumenta. El rendimiento de la materia no se amplía; la naturaleza tiene una economía en estado estacionario, es decir, una economía en la que todos los factores relevantes permanecen constantes en relación con los demás. Tampoco aumenta necesariamente el número de especies, sino que aumenta en algunas épocas y disminuye en otras. La única dimensión que realmente crece es la diversidad de experiencias: formas de sentir, modos de expresión, variaciones de apariencia, novedades en patrones y formas. Por tanto, la naturaleza no gana masa ni peso, sino profundidad. Sin embargo, no se trata de una dimensión que pueda evaluarse y cuantificarse. Es la expresión poética de un sedimento de deseo que se frustra o se cumple.

Competencia

Nunca se ha podido demostrar empíricamente que una especie nueva haya surgido solo por la competencia por un recurso. Más bien, las especies nacen por casualidad: se desarrollan mediante mutaciones inesperadas y el aislamiento de un grupo del resto de la población a través de nuevas simbiosis y cooperaciones (por ejemplo, el proceso por el que las células de nuestro cuerpo surgieron de predecesores bacterianos que cooperaron en la simbiosis intracelular). La competencia por sí sola –para poner un caso, por un nutriente limitado o un nicho ecológico– provoca la monotonía biológica: el dominio de relativamente pocas especies sobre un ecosistema.[16]

Escasez

Los recursos en la naturaleza no son escasos. Cuando lo son, la escasez no conduce a una diversificación creativa, sino a un empobrecimiento de la diversidad y la libertad. El curso energético básico de la naturaleza –la luz del sol– existe en abundancia. Un segundo recurso crucial –el número de relaciones ecológicas y nuevos nichos– no tiene límite. Las relaciones no aumentan por parsimonia, sino por compartir. Un número elevado de especies y una variedad de relaciones entre ellas no conduce a una competencia más aguda y a la dominación de una especie «más apta», sino a permutaciones más ricas de relaciones entre especies y, por tanto, a un aumento de la libertad, que es al mismo tiempo un aumento de las dependencias mutuas. Cuanto más se «desperdicien» los recursos (consumidos por otras especies), mayor será la riqueza común. La vida tiene la tendencia a transformar todos los recursos disponibles en un entramado de cuerpos. En los ecosistemas antiguos en los que la energía solar es constante, como en las selvas tropicales, los océanos de bajas latitudes y en los ecosistemas costeros tropicales, esta tendencia se manifiesta como un aumento de los nichos y, por tanto, como una mayor diversidad global. El resultado es un aumento de la simbiosis y una reducción de la competencia. La escasez de recursos, como la falta cíclica de nutrientes específicos, conduce a una menor diversidad y al dominio de unas pocas especies, como puede observarse en las marismas oceánicas templadas.

La escasez no existe en el pensamiento indígena. En las sociedades tradicionales puede existir como fenómeno, pero no como concepto. Pueden producirse verdaderas carencias, sobre todo en invierno o durante las épocas de sequía, pero no conducen a un aumento del «precio» de los recursos, ya que estos no se truecan ni comercian, sino que se comparten. La escasez en las sociedades indígenas conduce, pues, a un mayor grado de reparto. La escasez no lleva a limitar los recursos, sino a reciclarlos mediante formas intrincadas de redistribución. Los rituales para compartir alimentos, que se encuentran no solo en las culturas humanas de la Edad de Piedra, sino también entre los cánidos, pueden considerarse ejemplos de ello, al igual que el hecho de que el extraordinario grado de nichos ecológicos en los entornos tropicales sea una forma de reutilizar y redistribuir nutrientes limitados como el fósforo y el nitrógeno. El trueque provocado por la escasez ostensible actúa, pues, contra los procesos necesarios de la biosfera. El valor económico que se consigue con la escasez se opone directamente a cualquier valor real o ecológico. La escasez ecológica solo puede producirse a través de la propiedad. Por lo tanto, la propiedad viola las leyes ecológicas.

Propiedad

En la biosfera no existe la noción de propiedad. Los individuos ni siquiera poseen sus propios cuerpos. La materia de los cuerpos cambia continuamente al ser sustituida por oxígeno, carbono y otros *inputs* de energía y materia. Pero no es solo la dimensión física del ser la que se hace posible a través de su comunión material con otros elementos y, por tanto, a través de una forma de unidad de dependencia e impotencia existencial. La ausencia de propiedad entre las fuerzas que dan vida se aplica también a la esfera simbólica. El lenguaje es producido por la comunidad de hablantes que lo utilizan y, al utilizarlo, crean consciencia de sí mismos e identidad. Los hábitos de una especie se adquieren compartiéndolos entre los individuos. En el sueño, en el nacimiento, en el amor y en todas las emociones, no somos del todo dueños de nosotros mismos, sino que somos sobrepasados. Y solo en estas pasiones, en los estados de dicha o de dolor, llegamos a ser verdaderamente nosotros mismos.

En cualquiera de estas dimensiones, lo salvaje del mundo natural es necesario para que el individuo desarrolle su identidad más íntima. El poder creativo autoorganizador de la realidad permite que la individualidad se despliegue a partir de las contradicciones subyacentes para construir su propio carácter distintivo. Este mundo *deviene*; no está hecho por ningún individuo en particular, ni puede ser poseído de forma exclusiva. La individualidad en su sentido físico, social y simbólico nada más puede surgir a través de un bien común biológicamente compartido y culturalmente comunicado. La identidad es un bien común. Los respectivos narradores de esta narrativa –tú, yo y todos los seres– son siempre parte de lo que ocurre y, al mismo tiempo, crean siempre su propia trama.

3. Biopoética: el deseo de ser

No he desarrollado las ideas anteriores de la nada.[1] Un nuevo marco de pensamiento biológico que favorece la realidad de los agentes biológicos se está imponiendo actualmente en la investigación empírica. En el nuevo paradigma biológico emergente, la vitalidad es una noción y una experiencia que rige las percepciones de los agentes biológicos. La subjetividad es una fuerza motriz biológica. «Lo común» es una realidad metabólica. El propio cuerpo –nuestros propios cuerpos individuales– solo es posible a través de su participación en la realidad como un bien común.

Hace dos décadas, escribiendo en la revista *Science,* el biólogo molecular Richard Strohmann previó un cambio de paradigma en la biología que denominó el «giro orgánico en la biología».[2] En 2018, muchos de sus supuestos se han confirmado empíricamente. Los fundamentos teóricos del modelo molecular-evolutivo clásico de la biología se han puesto en tela de juicio y se interpretan bajo una luz nueva. La biología está experimentando una profunda reevaluación de sus premisas fundamentales, al igual que la física se transformó cuando se descubrió la relatividad y la teoría cuántica hace aproximadamente un siglo.

Sin embargo, hay una diferencia significativa: los cambios en la biología teórica aún no son reconocidos culturalmente. Por el contrario, el dogma de la bioeconomía descrito en el último capítulo nunca ha sido tan influyente como lo es hoy en día. La biología convencional, tal como se enseña en las clases de la escuela y en la universidad, y tal como se vulgariza en los medios de comunicación, sigue ocupando el imaginario popular.

Pero en las fronteras del pensamiento original de las ciencias biológicas se está produciendo un profundo cambio conceptual. La doctrina newtoniana de un proyecto genético que dirige un sistema orgánico similar a una máquina y que busca constantemente nuevas eficiencias, impulsadas por las leyes de la selección natural, ya no se confirma en muchos ámbitos de investigación. Los biólogos empiezan a observar un mundo vivo formado por sujetos interrelacionados que son sensibles y expresan esta sensibilidad, que se manifiesta en experiencias (internas) y comportamientos (externos).

El comportamiento de los organismos, que hasta ahora se entendía como determinado básicamente por la ejecución de órdenes genéticas en el marco de un entorno específico, ha adquirido un grado de libertad inaudito en la investigación biológica actual. Incluso puede modificar el ADN. La regulación epigenética desempeña un papel mucho más importante de lo que se pensaba, lo que significa que los organismos individuales pueden influir en el destino de sus propios genes.[3] Ahora está bien establecido que las experiencias de los padres pueden transmitirse genéticamente[4] y que incluso las prácticas culturales de crianza pueden influir directamente en el genoma de los niños.[5] El paradigma emergente y más holístico de regulación biológica sostiene ahora que la identidad de los sujetos biológicos a menudo no es la de una sola especie: la mayoría de los organismo deben considerarse como «metabiomas» formados por miles de especies simbióticas, principalmente bacterianas, según investigaciones recientes.[6]

Subjetividad empírica

Un organismo no es un único sujeto autónomo, sino que debe considerarse como una especie de ecosistema, como un «superorganismo» construido a partir de innumerables «yoes» celulares. Un organismo determinado no es simplemente el resultado de una cascada lineal de causas y efectos posteriores. Los puntos de vista actuales de la investigación biológica empírica, sobre todo en la genética del desarrollo, la proteómica y la biología de sistemas, empiezan a apreciar la autoproducción y la autopoiesis como características centrales de los seres vivos. (*Autopoeiesis,* literalmente «autocreación», es un término introducido por los biólogos chilenos Humberto Maturana y Francisco Varela para describir la capacidad de un organismo de generar y especificar continuamente su propia organización de forma autónoma.)[7] Los investigadores discuten cada vez más la codificación genética y los procesos de desarrollo y regulación en términos de la capacidad de un organismo para interpretar y experimentar el significado biológico y la subjetividad.[8]

Estos descubrimientos no solo desafían el enfoque empírico estándar de los organismos, sino que transforman nuestras suposiciones subyacentes sobre lo que es la vida. ¿Es un organismo una máquina, ensamblada a partir de piezas que deben considerarse como máquinas o subconjuntos aún más pequeños? ¿O es la vida un fenómeno en el que la subjetividad, la interpretación y la necesidad existencial son fuerzas clave que no pueden excluirse del panorama sin distorsionar nuestra comprensión del funcionamiento de un organismo y sin obstruir el camino hacia otras explicaciones?

En la nueva imagen emergente, los organismos ya no se ven como máquinas genéticas, sino como procesos materialmente encarnados que se determinan a sí mismo.[9] Son materia, organización, pero también sentido, la experiencia existencial y la expresión poética. Cada célula es un «proceso de creación de una identidad».[10] Incluso el organismo más simple debe entenderse como un sistema material que muestra el deseo de mantenerse intacto, de crecer, de desplegarse y de producir un ámbito de vida más completo para sí mismo. Una célula es un proceso que produce los componentes necesarios para estos desarrollos, mientras los materiales de carbono, nitrógeno, oxígeno, fósforo y silicio fluyen a través de ella.

La célula no es una unidad material, sino un ser con sentido que produce su propia identidad a través del deseo continuo de ser completa mediante la conexión con otra materia. Una célula no es una pequeña máquina que actúa según órdenes genéticas. Su actividad básica consiste en la producción continua de sus propios componentes. El impulso insistente hacia el mantenimiento de sí misma, que podemos presenciar en otras formas de vida, y que podemos reconocer que también nos impulsa a nosotros mismos a través de nuestra experiencia de la alegría de vivir, si se realiza con éxito, es seguir adelante como esta identidad específica. Esto tiene una consecuencia central que hace que la imagen vivificada de la biología sea tan diferente de sus predecesoras: un sí mismo encarnado que pretende mantenerse intacto desarrolla automáticamente interés, un punto de vista y, por tanto, subjetividad. Es un sujeto con cuerpo. Si la historia natural es el desarrollo de los seres, ya no tiene sentido hablar de los organismos como máquinas sin intereses individuales, sentidos y expresados, como es habitual en la bioeconomía. La subjetividad no es una ilusión al servicio de la maximización del éxito, sino el modo en que la existencia biológica es posible en primer lugar. Podemos ver en los cuerpos y podemos experimentarla en nosotros mismos.

Únicamente si se incluye esta experiencia, no solo como elaboración teórica, sino como práctica del hacer, puede el alcance de la ciencia abarcar la realidad en su totalidad. Para captar de manera objetiva la existencia encarnada es necesario un sujeto.

La historia natural de la libertad

Permítanme resumir los rasgos de este nuevo marco para concebir los principios que guían a un ser vivo.

- Un ser vivo actúa según su propia autonomía, por lo que no está completamente determinado por factores externos. Crea su identidad transformando la materia del ser.
- Se produce a sí mismo y, por tanto, manifiesta el deseo de crecer, de evitar conflictos, de buscar activamente insumos positivos como comida, refugio y la presencia de compañeros.
- Está evaluando en todo momento las influencias del mundo exterior (y también su propio interior).
- Actúa por preocupación y desde la experiencia del sentido.
- Es un agente o un sujeto con un punto de vista intencional. Podemos llamar a esta forma de sentido guiado, de hacer mundo, *sentimiento*.
- Muestra o expresa las condiciones en las que se desarrolla su proceso vital. Un ser vivo exhibe de manera transparente sus condiciones.
- Se despliega como la imaginación poética del sentido de su existencia.
- Participa en una experiencia que abarca a todos los seres. A esta condición podríamos llamarla *Conditio vitae*: la condición de la vida y el hecho de que todos estamos vivos a través de los demás.

La *conditio vitae* es la base común fundamental de todos los organismos. Abarca los principios de creatividad viva de forma no verbal y no algorítmica. La *conditio vitae* es la condición poética básica compartida, porque muestra las leyes básicas de la agencia y la encarnación que se encuentra de manera manifiesta en nosotros como seres humanos. Todo organismo es una expresión de las condiciones de la existencia.

Solo desde esta nueva perspectiva de la vida podemos encontrar los principios primordiales y las actitudes acordes que preparan el camino para los procesos recíprocos y cooperativos y, por tanto, permiten la vitalidad. Nuestra imagen de la realidad, que encuentra su expresión en una biosfera viva, sigue estos principios primordiales de las transformaciones orgánicas:

- La historia natural no debe verse como el funcionamiento de una especie de máquina orgánica, sino como el desarrollo de una historia natural de la libertad, la experiencia y la agencia.
- La realidad está viva. Está llena de experiencias subjetivas y sentimientos.
- La experiencia subjetiva y el sentimiento son requisitos de la racionalidad.
- La biosfera está formada por las interrelaciones materiales, metabólicas y significativas de los seres.
- El individuo solo puede existir si el todo existe, y el todo solo puede existir si los individuos pueden existir.

Los sí mismos (*self*) encarnados nacen a través de los demás. La biosfera depende críticamente de la cooperación y del «interser», es decir, de la idea de que el sí mismo no es posible de forma aislada y a través de una lucha frenética de todos contra todos, sino que depende desde el principio del otro, en forma de alimento, refugio, compañeros. El sí mismo solo es un yo a través del otro. En el desarrollo humano, esto está muy claro, ya que el bebé debe ser visto y valorado de forma positiva por sus cuidadores si quiere desarrollar un yo sano.

La biosfera es paradójicamente cooperativa. Las relaciones simbióticas surgen de procesos antagónicos e incompatibles: materia/forma, código genético/soma, ego individual/otro. La incompatibilidad es necesaria para la vida en primer lugar y, por lo tanto, cualquier existencia viva solo puede ser precaria y preliminar, una solución creativa improvisada para el momento.[11] La existencia se manifiesta a través de negociaciones transitorias de varias capas de vida incompatibles. En este sentido, los sistemas vivos son siempre una «malla del sí mismo» autocontradictoria.[12]

La experiencia de estar plenamente vivo, de estar alegre, es un componente fundamental de la realidad. El deseo de experimentar y de llegar a ser uno mismo plenamente es una regla general de la «construcción biológica del mundo», que consiste, tanto en la construcción interior/experiencial, como exterior/material de un sí mismo o yo.

El proceso de vida es abierto. Aunque existen reglas generales para mantener una identidad encarnada en el interser, su forma está totalmente sujeta a soluciones situacionales.

No hay información transhistórica neutral, ni objetividad «científica» general. Solo hay una experiencia común a nivel de comprensión, interser y comunión de una *conditio vitae* compartida. Nuevas estructuras y niveles de vivificación pueden ser posibles a través de actos de imaginación recíproca.

La muerte es real. La muerte es inevitable e incluso necesaria como condición previa para que el individuo se esfuerce por mantenerse intacto y crecer. La muerte es un componente integral de la vida. Deberíamos hablar, más bien, de *muerte/nacimiento* al referirnos al conjunto de la vida como realidad orgánica.

Objetividad encarnada

A partir de estas observaciones, parece posible completar la visión del mundo ecológico de la corriente principal, muy limitada, que aún prevalece (la naturaleza vista como una reserva exterior de recursos) con un aspecto interior o intencional. A la perspectiva científica en tercera persona de la «realidad objetiva» hay que añadir una ecología en primera persona. Por lo tanto, la objetividad empírica que resulta tan familiar a la ciencia contemporánea debe ampliarse con una «subjetividad empírica», una condición compartida de sentimiento y experiencia entre todos los seres vivos. Esta subjetividad empírica transmite conocimientos que pueden generalizarse, aunque en un sentido débil, no de la forma «medida y contada» de la objetividad empírica. La subjetividad empírica produce, por tanto, una objetividad encarnada o «poética» como forma de expresarse (para un análisis más profundo de la objetividad poética, véase el capítulo 7).

La subjetividad empírica es lo que hace posible la percepción de los demás. Incluye la impresión subjetiva controlada por las neuronas espejo que hace que uno sienta en su propio cuerpo la alegría o el dolor que siente otro ser. Funciona a través de los significados existenciales que todos los seres vivos comparten porque son mortales y tienen cuerpos vulnerables. La subjetividad empírica es objetiva en el sentido de que se basa en los valores creados por la vivencia encarnada, que son, fundamentalmente, compartidos por todos los seres encarnados. El objeto de la subjetividad empírica es la *conditio vitae*, la condición de la vida. Los cuerpos de los demás son transparentes para otros cuerpos de forma no verbal. Muestran lo que ocurre a nivel existencial.[13] La subjetividad empírica es el principal vehículo de creación de sentido y transmisión en el mundo biológico. Por esta razón, «las metáforas son la lógica del mundo orgánico», como dijo Gregory Bateson, el pegamento vinculante de los procesos orgánicos.[14]

La objetividad que se comparte al tener el mismo tipo de cuerpo –y ser parte de un único metabolismo de la biosfera– tiene un aspecto poético. Esta objetividad solo puede ser objetiva en la medida en que es poética, es decir, sentida en un cuerpo individual que, sin embargo, es materia perteneciente a ese mundo y parte de un todo compartido. La verdadera objetividad, desde este punto de vista, está ligada a la percepción poética. Esto significa que las percepciones que han sido excluidas por la posición «solo objetiva» –porque no son reales en un sentido material, físico– pueden muy bien ser válidas en un sentido poético, «interior».

Bateson describe este proceso de generación de significado cuando compara la lógica clásica («objetiva») con la forma lógica («abductiva») que es encarnada y subjetiva. La comprensión objetiva mediante esta última forma de lógica es la que rige el mundo biológico, incluida la esfera humana. El argumento lógico que ofrece Bateson es clásico:

1. Todos los hombres son mortales.
2. Sócrates es un hombre.
3. Sócrates es mortal.

El argumento poético, sin embargo, permite una experiencia que no está contenida en las premisas. Se trata de una visión especulativa. Esta visión se basa en la subjetividad empírica compartida y permite un conocimiento inmediato, que es imposible de transmitir de otro modo. Contiene lo que Bateson llama «el patrón que conecta», que es la objetividad poética:

1. Los hombres son mortales.
2. La hierba es mortal.
3. Los hombres son hierba.[15]

Esta idea, por supuesto, no es literalmente verdadera. Sin embargo, es verdadera como una visión experimental o poética. Como visión poética no debe ser verdadera. Sin embargo, transmite el conocimiento de ser parte del mundo viviente. Por lo tanto, la verdad de la afirmación poética se basa en el hecho de que es falsa. Su verdad proviene de su naturaleza paradójica. Se refiere a la experiencia real, a la experiencia de un cuerpo vivo que sabe lo mucho que comparte con otros cuerpos vivos, que, de forma extraña, son iguales, pero también son diferentes.

Este tipo de percepciones pueden cambiar nuestro comportamiento y, en este sentido, son un elemento influyente de nuestra realidad vital. Pueden permitirnos acceder a verdades más allá de nuestra comprensión actual porque actúan desde donde estamos, desde nuestra vinculación con el mundo. «Y si el mundo ha dejado de oírte, / di a la tierra silenciosa: fluyo. / Al agua que corre, dile: Soy», escribe el poeta Rainer Maria Rilke en el último de sus *Sonetos de Orfeo*. El poeta habla aquí desde el conocimiento de que los hombres son a la vez la hierba y el agua que alimenta las raíces de la hierba. Este modo de comprensión habita una distancia íntima. Surge del encuentro con el hecho de ser el mundo escindido en sí mismo y reunido a través del anhelo: yo soy tú, porque soy tu opuesto, aquello que anhelas.

La dimensión poética es aquella dimensión de nuestra existencia orgánica que negamos más profundamente. Es el mundo de nuestros sentimientos, de nuestros vínculos sociales y de todo lo que experimentamos como significativo y con sentido. La dimensión poética negada forma parte de nuestro mundo cotidiano de la comunicación social, vinculada a nuestros intercambios e interacciones, a la risa y a la consternación, a las necesidades de nuestra carne. Es el mundo de la perspectiva en primera persona, que siempre está ahí, y siempre se siente y se experimenta. Es el mundo en el que vivimos más íntimamente, y es en definitiva el mundo para el que concebimos y hacemos diversas políticas. El intercambio económico, que es un dar y recibir social entre los seres vivos, también tiene lugar en este mundo.

4. Anticapitalismo natural: el intercambio como reciprocidad

La vivificación significa volver a la realidad viva como inspiración y comprensión para todos los ámbitos de la ciencia. Su esencia es reincorporar la realidad vibrante, poética, sentida, especulativa e imaginativa. Orientarse en este tipo de realidad requiere contagio y, por tanto, es lo contrario del esencialismo.

La vivificación permite la identidad individual y colectiva, porque admite tanto la necesidad biofísica, como la libertad poética que se inscribe en ella. Esta concepción de la existencia viva como una «integración vivificada» de la necesidad y la libertad no significa «copiar» las leyes supuestamente deterministas de la naturaleza y aplicarlas a cuestiones de ética o cultura. Por el contrario, reafirma un hecho aparentemente obvio: que las estructuras y prácticas de las sociedades humanas creadas por el hombre son creaciones de seres vivos en un mundo vivo. Para mantener nuestra conexión con este mundo vivo, debemos respetar sus principios básicos de fertilidad e intercambio mutuo, que ya estructuran el funcionamiento inconsciente de nuestros cuerpos, es decir, de nuestro metabolismo y nuestras emociones. Vivificar significa desplegarse como una parte viva en un hogar vibrante de flujos de energía y significados. Significa crear cualquier relación de reciprocidad de forma honesta y fértil. Significa luchar por la libertad cediendo a la necesidad.

Este cambio de perspectiva tiene implicaciones para la ciencia económica. La doble metáfora de la eco-nomía/logía, si se aplica de forma adecuada y no reduccionista, ofrece una perspectiva para ver todos los procesos domésticos vivos, ecológicos o humanos, desde el mismo ángulo. A diferencia de los intentos anteriores de naturalizar la economía con justificaciones biológicas –la esencia del darwinismo social y el neoliberalismo–, la economía mira los sistemas biológicos para comprender los patrones predeterminados de los flujos autoorganizados de materia e información en su dimensión existente, e incluye la perspectiva interior a través de la cual se desenvuelven los sistemas vivos.

Aquí nos damos cuenta de que los procesos de intercambio en las esferas vivas y ecológicas no están orientados a la eficiencia, ni son controlados por fuerzas externas que dejan a los individuos en la impotencia y sin agencia. Las esferas de lo vivo tampoco están desprovistas de intencionalidad, de sentido o de la mismidad (*self*), sino que son una combinación paradójica y siempre encarnada de diferentes niveles del sí mismo que se realizan a través de intercambios materiales y de significado.

Si la teoría económica se despoja de su contenido de optimización darwiniana, y si la noción de mercado se cambia por la idea de hogar y biosfera, podemos ver más claramente cómo los procesos económicos que mejoran la vida podrían hacerse fecundos para nosotros mismos. Incluso podemos ver que una determinada forma de hogar, que está experimentando un enorme renacimiento en estos momentos, está claramente favorecida por la naturaleza: la economía de los bienes comunes.[1]

Desde el punto de vista de la vivificación, la naturaleza es una economía de bienes comunes formada por sujetos que están continuamente relacionándose entre sí, manteniendo relaciones que tienen un lado material, pero que también encarnan siempre el significado, el sentido vivido y la noción de pertenencia a un lugar. Una economía comunitaria, repitiendo mi definición del comienzo en la introducción, es un hogar en el que no hay usuarios en disposición de los recursos, sino agentes encarnados que crean la fertilidad del mundo a través de la forma en que recrean las relaciones primigenias que dan lugar a la vida.

Economía de la Edad de Piedra

Es interesante observar que las «economías primitivas» y prehistóricas –formas de proporcionar alimentos, refugio y de relacionarse con el entorno– son, en su mayor parte, auténticas economías de bienes comunes.[2] Este tipo de economía doméstica puede considerarse el escenario por defecto de las formas en que los seres humanos distribuyen los bienes materiales necesarios para vivir. La «participación activa en el patrimonio ecológico» es, por tanto, la descripción más adecuada de las actividades económicas humanas originales. Pero hablar aquí de actividades económicas es engañoso. Ni los humanos primitivos ni los pueblos indígenas contemporáneos piensan en términos de economía, sino en términos de fertilidad: sus actividades están destinadas a mantener vivo al cosmos, y a través de ello se proporcionan a sí mismos una parte de la fuerza vital del cosmos. Los pueblos originarios no tienen una mentalidad económica. No buscan el crecimiento ni la optimización. Desean cumplir las reglas que conducen a la fertilidad, y estas son las reglas válidas para el desarrollo de los ecosistemas. Esta observación cambia la narrativa dominante sobre cómo surgieron los mercados en la historia. Los historiadores tienden a atribuir a los humanos una tendencia universal a comerciar y negociar como respuesta a una ostensible escasez universal. Pero los humanos no hacen trueque por defecto, en contra de los mitos sobre el origen de la economía de mercado que se han contado a los estudiantes de todo el mundo durante décadas. En la mayoría de las sociedades primitivas, los seres humanos se sienten partícipes de un cosmos generoso que les distribuye dones y que necesita que se actúe con reciprocidad para mantenerse productivo. El hogar humano se ha desarrollado como un metabolismo con un mundo generoso que anhela cobrar vida. Esa sería la descripción más precisa del «estado de naturaleza». El estado de naturaleza se centra en el arte de ser una parte fructífera de un ecosistema. No se trata de que los humanos comercien con bienes materiales.

En el estado de naturaleza, el requisito más importante para la economía ni siquiera existe: la pulcra separación de los asuntos humanos del resto del mundo, imaginado como un conjunto de objetos. En su lugar, los seres humanos son actores en un cosmos vivo, formado por relaciones que florecen si se honran de la manera adecuada. Muchas culturas arcaicas ni siquiera diferencian entre «naturaleza» y «cultura» o entre «animado» e «inanimado»; todos estos conceptos están integrados orgánicamente en una única visión del mundo.[3] Tampoco diferencian sus formas de relacionarse con los ecosistemas del modo en que tratan las relaciones humanas. Sus modos de pensar y percibir integran una multiplicidad de actores que están continuamente enredados en interacciones. En el cosmos indígena, todo está vivo y es capaz de entablar relaciones recíprocas.

Los principios de intercambio en las sociedades primitivas, las economías comunitarias y los ecosistemas naturales son sorprendentemente similares. En los tres casos, los procesos de transformación deben alinearse dinámicamente con los factores externos. Esto explica por qué las culturas de los sistemas basados en el procomún suelen reflejar los sistemas de intercambio cósmico de los ecosistemas naturales. Los vínculos sociales evolucionaron hasta convertirse en parte integrante del ecosistema.

En el pensamiento occidental, sin embargo, la naturaleza ha sido considerada durante varios siglos como lo otro: las fuerzas insondables, malvadas y salvajes del mundo contra las que solo podemos protegernos imponiendo una «corteza» disciplinada de civilización institucional. De ahí la suposición del destacado historiador Timothy Garton Ash, quien afirmó, en el marco de su análisis sobre los (falsos) informes de violencia tras el desastre del huracán Katrina en Nueva Orleans, que sin instituciones volveríamos a caer inmediatamente en el barbarie.[4] La idea de que el Estado es la única barrera fiable contra la barbarie ha sido refutada con contundencia por Rebecca Solnit en su estudio sobre los comportamientos trascendentalmente bondadosos y valientes de la gente como respuesta a las catástrofes naturales y los accidentes humanos.[5]

Durante milenios, las sociedades humanas entendieron la biosfera como una economía basada en el procomún y trataron sus culturas internas, sus recursos materiales y sus relaciones de intercambio inmateriales como parte de un enorme procomún que lo abarca todo. Las culturas industriales modernas suelen ser condescendientes con esas economías «primitivas», desestimando sus «supersticiones» y ensalzando las virtudes de la ciencia objetiva. Pero ¿quién está siendo ingenuo y provinciano? El comportamiento de estas sociedades refleja una visión profunda del significado de la ecología y la realidad existencial. Son los «modernos» los que han perdido profundamente el contacto con los principios que subyacen a la vida.

Debemos admitir que una gran parte de la filosofía política de la Ilustración –las ideas sobre el estado de naturaleza y el contrato social– sentó las bases del dominio colonial. Estas ideas pretendían legitimar la delegación de poderes, partiendo de un supuesto sencillamente erróneo sobre la forma en que los seres humanos organizan sus relaciones entre sí y con el cosmos. Aquí encontramos de nuevo la *petitio principii* que es heraldo del dualismo: los filósofos de la Ilustración partieron de su propia experiencia histórica para imaginar una idea «neutral» del hombre más allá de todas las relaciones sociales. Proyectaron el mal que experimentaron en sus propias sociedades altamente jerarquizadas sobre el cuadro que pintaron del estado de naturaleza de los primeros humanos.

La premisa central era la ausencia de relaciones y la separación de la esencia de la humanidad de los objetos de la naturaleza, que entonces necesitaba la dominación para ser explotados de manera fructífera. Lo que hoy se sigue enseñando en las universidades como fundamento de las teorías políticas –y democráticas– modernas es en el fondo una idea errónea sobre el cosmos. Esta idea sirve para subyugar partes del mundo con el fin de legitimar la existencia de una pequeña clase de gobernantes. La dominación de la naturaleza como otra y el dominio de la idea de que los humanos están *ipso facto* separados del resto del universo vienen a ser lo mismo. Por lo tanto, la filosofía política de la Ilustración llevaba el germen del totalitarismo en su núcleo. Gran parte de ella, hasta hoy, incluyendo incluso la teoría de la justicia de John Rawls,[6] se ha ocupado del Estado insumiso de la naturaleza brutal que debe mantenerse bajo control mediante un contrato social. Desde este punto de vista, la filosofía de la Ilustración es en gran parte una teoría del colonialismo.

La propensión humana a interactuar con los objetos materiales de forma social –y no solo a través de relaciones de mercado, impersonales y mediadas por el dinero– es el sello distintivo de un mundo común. Pero también es la promesa de una actitud hacia el mundo con el que estamos conectados materialmente a través de nuestro propio metabolismo, por un lado, y vinculados a través de una serie de significados, por otro.

La economía de los bienes comunes es, por tanto, prometedora para construir un futuro más sostenible. Representa los bloques de construcción de una economía encarnada en la que los seres humanos están estrechamente integrados con el mundo más que humano. El realismo ecológico y psicológico inherente a esta visión del mundo nos aporta muchas lecciones. Toda economía debe darnos la sensación de conexión y participación. Porque los actores humanos *son* materialmente una parte del mundo con el que tratan, y sus experiencias individuales de significado se derivan de las formas en que se organizan sus interacciones materiales. Solo una economía que incluya a los seres no humanos y a la tierra no enfrentará los procesos de intercambio material y las relaciones humanas significativas.

El círculo del don

Desde el punto de vista de la vivificación, la propia naturaleza es un bien común. Está formada por sujetos que negocian constantemente sus relaciones. Estas relaciones tienen una base material, pero también comunican un significado y conllevan un sentido de pertenencia a un lugar concreto.

La naturaleza, entendida como un proceso creativo de sujetos encarnados que interactúan, puede servir de modelo para un con-

cepto económico de los bienes comunes. Las estructuras y principios básicos de la «comunidad natural» (autoorganizada, dinámica,
creativa) han sido la base de la evolución de la biosfera. Sostengo
que los principios de autoorganización en la naturaleza proporcionan
un modelo para cualquier economía de los bienes comunes. Estos
principios siguen los esquemas básicos de todas las relaciones de
transformación en la biosfera. Sin embargo, no auguran una armonía rancia, sino que solo se hacen operativos a través de la paradoja,
que no promete la salvación, sino que requiere –y permite– gestos
continuos de imaginación.

Bioeconomía	Vida
Identidades	Relaciones
Empirismo	Subjetividad empírica
Abstracción	Objetividad poética
Información	Sentirse
En el exterior o en el interior	Fuera como dentro
Separación	Imaginación
Restricciones	Necesidades
Concurso-competencia	Dones mutuos
Descripción	Participación
Trueque	Transformación
Controlar	Bienes comunes
Dualismo	Biopoética

Los bienes comunes como práctica de la realidad en primera persona

Las directrices de esta productividad recíproca son:

Principios generales, normas locales
Cada parcela de tierra viva funciona según los mismos principios ecológicos, pero cada una es una realización individual única de estos principios. Por ejemplo, hay reglas diferentes para prosperar en un bosque templado que en un desierto árido. Cada ecosistema es la integralidad de muchas reglas, interacciones y flujos de materia, que comparten principios comunes, pero son localmente únicos. Las reglas generales deben imaginarse de forma distinta cada vez.

Interser
El principio primigenio del mundo viviente es, como dijo el naturalista John Muir: «Todo está unido a todo lo demás».[7] En los bienes ecológicos comunes, una multitud de individuos diferentes y especies diversas se encuentran en relaciones múltiples entre sí: competencia y cooperación, asociación y hostilidad depredadora, productividad y destrucción. Todas esas relaciones, sin embargo, siguen una ley superior: solo el comportamiento que permite la productividad de todo el ecosistema a largo plazo y no interrumpe sus capacidades de autoproducción puede sobrevivir y expandirse. El individuo solo puede realizarse a sí mismo si el conjunto puede realizarse a sí mismo. La libertad ecológica obedece a esta necesidad básica. Cuanto más profundas sean las conexiones en el sistema, más nichos creativos ofrecerá a sus miembros individuales. Las nuevas especies pueden alterar el equilibrio de un sistema existente abriendo

nuevas oportunidades de crecimiento e innovación. Por otro lado, si «la aptitud del paisaje» cambia por algún motivo, los individuos de ciertas especies pueden tener acceso a cada vez menos recursos y acabar extinguiéndose. Las especies clave –por ejemplo, los grandes herbívoros de las praderas templadas– proporcionan un ancla para el equilibrio de todo un paisaje. Los grandes herbívoros necesitan las sabanas para prosperar, las cuales deben ser pastoreadas para permanecer intactas.

Somos procomunes

Los seres vivos no «utilizan» los bienes comunes proporcionados por la naturaleza. Por el contrario, son física y relacionalmente una parte de ellos. Los participantes en un procomún digieren el procomún y lo alimentan al mismo tiempo. La existencia del individuo y el procomún como sistema son mutuamente interdependientes. No se pueden separar, al igual que no se pueden diferenciar el cuerpo y el significado encarnado, ni el gesto y la significación expresada a través de él. La calidad, la salud y la belleza de un sistema de bienes comunes se basan en un equilibrio precario que hay que negociar momento a momento Los organismos individuales no pueden tener demasiada autonomía para no desestabilizar el procomún convirtiéndose en parásitos y sobreexplotando el sistema, como ocurre con plagas como la de la estrella de mar corona de espinas en los arrecifes de coral tropicales. Desde el punto de vista de los bienes comunes, los acontecimientos que actualmente llamamos «catástrofes ecológicas», e incluso las enfermedades, son manifestaciones del fenómeno del parasitismo, que crea un desequilibrio de poderes entre los bienes comunes ecológicos. Un participante o un grupo concreto de ellos deja de participar en la reciprocidad, como la civilización humana en su conjunto ha dejado de hacer hoy. A la inversa, un margen de maniobra insuficiente en la ley de reciprocidad puede ser igualmente ruinoso. El sistema global no debe imponer un rigor excesivo, o controles hostiles, para no interferir en los procesos productivos del sistema (por ejemplo, el uso intensivo de fertilizantes o pesticidas que alteran los procesos naturales). Los animales transportados a regiones lejanas y aisladas, como las Islas Galápagos, pueden alterar ecosistemas enteros e iniciar una nueva narrativa territorial de la historia biológica. Aquí las características climáticas y biogeográficas existentes, y el potencial evolutivo de los recién llegados, se transforman mutuamente. La lección es sencilla: no podemos separar al individuo del conjunto. Ambos forman parte de un cuadro más amplio y se «especifican recíprocamente» (como dice Varela)[8] el uno al otro. Pero ninguna de las dos partes se disuelve en la otra.

Los recursos tienen sentido

A lo largo de la historia natural, los ecosistemas han desarrollado múltiples patrones de equilibrio dinámico que conducen a un refinamiento extraordinario y altos niveles de belleza estética. Las formas y los seres de la naturaleza equivalen a ingeniosas improvisaciones para mantener delicados equilibrios en un sistema complejo. La belleza de los seres vivos proviene del hecho de que son soluciones encarnadas de la existencia individual en conexión. Son gradientes que expresan la perenne paradoja entre la autonomía total y la fusión completa que debe mantener en suspenso todo ser vivo. En la presencia material de un organismo, tal solución se presenta como un «gesto de vitalidad». Es inmediatamente plausible para nosotros, compañeros de vida, pero nunca puede explicarse del todo. Necesita ser compartido por nuestra propia presencia, por nuestra propia participación. Como tal, la experiencia de la belleza es un ingrediente necesario de un proceso de puesta en común. Explica por qué la mayoría de los humanos experimenta sentimientos de pertenencia y conexión con otros seres vivos. En ellos, la paradoja de la existencia como individuo-en-conexión se ha resuelto de forma poética, y al mismo tiempo se presenta como un nuevo misterio, no como una respuesta, sino como una pregunta que obliga a buscar una respuesta adecuada.

Reciprocidad

Los sistemas que se encuentran en un equilibrio dinámico son saludables, es decir, producen novedad y se estabilizan al mismo tiempo. Si las perturbaciones o los daños causan más estrés del que el individuo, la comunidad o la especie son capaces de soportar, la resiliencia del conjunto se debilita. El «nivel de equilibrio» no es un umbral fijo, sino más bien una zona de absorción de lo que Varela y Maturana llaman «perturbación disruptiva».[9] El grado de tolerancia de un sistema al estrés es difícil de diagnosticar de forma objetiva y aún más difícil de predecir. Tenemos que ver el estrés no solo como un bloqueo objetivo, sino como una crisis de imaginación: como algo que impide la capacidad de transformación. El estrés que supera la capacidad de recuperación estructural del sistema da lugar a que el sistema no pueda producir un «excedente de sentido»,[10] no puede proporcionar sus dones a otras partes del ecosistema, y ya no puede transformarse a sí mismo. Por tanto, la salud no es armonía, sino la capacidad de desarrollar relaciones creativas. Esto se olvida a menudo cuando definimos una enfermedad o una perturbación. Tendemos a confundir la experiencia externa de salud con la dimensión interna de la creatividad productiva, que puede parecer bastante caótica desde el exterior. Sin embargo, la vitalidad no es caótica. La salud no significa equilibrio estático u «homeostasis»; es una negociación dinámica entre los elementos del sistema acerca de hasta dónde exactamente puede estirarse el sistema para adaptarse al estrés. En realidad, el estrés puede estimularse siempre que se mantenga dentro de los niveles de ecotono (un ecotono es la franja entre dos o más áreas específicas de un sistema). Más allá de esto, las perturbaciones pueden resultar devastadoras para el conjunto y acabar destruyéndolo. A nivel del sistema más amplio, esta destrucción conducirá a un nuevo equilibrio, pero no con los mismos actores que antes.

Sin derechos de autor

Nada en la naturaleza puede poseerse o controlarse en exclusiva; nada en la naturaleza es un monopolio. Todo es código abierto. La quintaesencia del reino orgánico no es el gen egoísta, sino el código fuente de información genética abiertamente disponible que puede ser utilizado por todos. Los genes patentados hoy por las biocorporaciones son no-rivales y no-exclusivos en sentido biológico. No se pueden poseer. Así lo demuestran las «supermalezas» que han surgido del cultivo a gran escala de plantas modificadas genéticamente. Demuestran que los genes patentados no tienen dueño. La «información» biológica (que en realidad es la variación entre las formas individualizadas de participar en el dar y recibir de los ecosistemas) pertenece –como la luz del sol, como el agua, como la piel mineral de la Tierra– a todos. Es abundante, no escasa. El ADN ha sido capaz de ramificarse en tantas especies porque todo tipo de organismos pueden utilizar su código, juguetear con él y obtener combinaciones que tengan sentido y sean útiles. De ese modo surgió también el *Homo sapiens*. La naturaleza jugaba con el código abierto. Solo un 20% de nuestro genoma está formado por antiguos genes virales reciclados de forma creativa.

Intercambio de dones

Como no hay propiedad en la naturaleza, no hay residuos. Todos los residuos son, literalmente, alimento para algún otro miembro de la comunidad ecológica. Cada individuo se ofrece a sí mismo al morir como regalo para ser agasajado por otros, del mismo modo que recibió regalos de los cuerpos de otros y de la luz solar para sostener su existencia. Podemos entender la muerte como la libertad de entregarse un día a la comunidad. Sigue existiendo una conexión poco explorada entre el dar y el recibir en los ecosistemas en los que la pérdida es la condición previa para la generatividad.

La autorrealización ecológica

Un análisis detallado de la economía de los ecosistemas puede aportar poderosas directrices para nuevos tipos de economía vivificada, una economía basada en los bienes comunes. Deberíamos mirar a los procesos naturales –como expresiones de la historia natural de la libertad– para guiar nuestros pensamientos sobre cómo transformar el aspecto material y encarnado de nuestra existencia en una cultura de estar vivos.

La teoría de los bienes comunes que esbozo aquí proporciona una teoría de los principios de reciprocidad. Esta teoría puede integrar la distinción entre «material» y «social», y entre «funcional» y «emocional». Toda práctica de lo común es una descripción existencial de la realidad. Renuncia a los dualismos habituales de la Ilustración (cultura-naturaleza, vivo-inanimado, etc.) porque asume algo más que una perspectiva teórica. En este sentido, es «posthumana»: la humanidad no se entiende como un gobernante soberano, sino como alguien que ocupa una posición cambiante en la red de relaciones en las que todas las acciones retroalimentan al agente, y en las que retroalimentan a otras innumerables posiciones y nodos que también están activos, ya sean otros sujetos humanos, murciélagos, hongos, bacterias, estados emocionales, contagios o metáforas.

Deberíamos considerar los procesos naturales como la expresión de la historia natural de la libertad y, en consecuencia, alinear nuestras propias acciones con ellos. Deberíamos reflexionar sobre cómo los aspectos materiales y encarnados de nuestra existencia pueden ser respondidos por una cultura que amplíe la vitalidad del mundo. El término *bienes comunes* puede ayudar a vincular los mundos orgánico y sociocultural de manera que se profundice en el entendimiento mutuo y se logre una mayor coherencia, incluso sinergia. Si entendemos la naturaleza como un auténtico y primordial bien común, desarrollaremos una nueva autocomprensión desde una perspectiva biológica, social y política.

Si la naturaleza es realmente un bien común, se deduce que la única manera posible de lograr una relación productiva estable y a largo plazo con ella es construyendo una economía del bien común. Esta puede ser clave para ayudar a disolver la tradicional dualidad de los humanos y la naturaleza, y nos orienta hacia modelos respetuosos y sostenibles de relación los aspectos más-que-humanos de la naturaleza.

La autorrealización de lo que Terrence Deacon describe como la «especie simbólica»,[11] el *Homo sapiens,* puede lograrse mejor en un bien común, sencillamente porque dicha cultura –y, por tanto, cualquier sistema socioeconómico– es la realización específica de la especie de nuestra versión propia de la existencia natural, del ser natural como ser en conexión con uno mismo. Es nuestra interpretación cultural individual de los principios de la biosfera, no la obediencia obstinada a sus exigencias. La cultura de los bienes comunes es la interpretación productiva y liberal de los principios que construyen la biosfera.

Aunque las deliberaciones que nos han llevado a este punto proceden de un análisis exhaustivo de la biología, sus resultados no son biologicistas (en el sentido de aplicarse exclusivamente a los fenómenos biológicos). Todo lo contrario: el análisis muestra que el reino orgánico es el paradigma de la evolución de la libertad. Los principios naturales pueden imponer ciertos parámetros necesarios para la vida, pero esos principios son no deterministas y permiten importantes zonas de creatividad y libertad.

Libertad por necesidad

Llegados a este punto, es necesario examinar una paradoja fundamental respecto al significado de la libertad. La libertad, tal como la entiende la vivificación, difiere de la visión de la libertad que el neoliberalismo propaga para el «mercado libre». Esta última es una libertad *respecto a* las necesidades, que debe lograrse mediante el control de los riesgos, la saturación total de las necesidades materiales y la autorrealización sin trabas. La libertad vivificada es una libertad *a través* de las necesidades. Esta libertad solo se hace posible respondiendo a las inevitables restricciones de una manera que permita su transformación a través de una práctica fértil. Comprometerse con las restricciones dota al individuo de autonomía. O, más bien, el hecho de imaginar cómo hacer frente a las restricciones de una manera única crea al individuo. Aunque el individuo es un actor independiente, es totalmente dependiente del mundo circundante de los demás: depende de ellos para disfrutar de la comida, la protección y la comunidad. La libertad solo es posible como una negociación de necesidades.

Los psicólogos franceses Miguel Benasayag y Gérard Schmit observan esta interrelación en su análisis de la época anterior como una «época de pasiones tristes» (término utilizado por Spinoza originalmente para describir estados psicológicos autodestructivos)[12] y diagnostican un malentendido básico en nuestra cultura sobre el carácter de la libertad. La clave se encuentra en Aristóteles. Para Aristóteles, una persona que no tiene ningún vínculo, que no tiene un lugar, que puede ser utilizada en todas partes y en todo momento no es libre, sino un esclavo. Una persona libre, en cambio, tiene muchos vínculos y, en consecuencia, muchos compromisos con los demás y con respecto a la *polis* en la que vive.

Un ser vivo es libre a través de los vínculos: los lazos del metabolismo con la materia, la afiliación del individuo a la especie, el apego a la pareja y a la descendencia, el vínculo entre el depredador y la presa que trata de escapar de ser devorada y, por tanto, está en una continua búsqueda de espacios libres, material y simbólicamente. La libertad biológica, por lo tanto, siempre presupone la negociación. Es la libertad en y a través de la relación. No tiene mucho que ver con la idea de la libertad total del individuo en el enfoque del libre mercado. El *oikos* de la naturaleza, sin embargo, es el sistema natural cuyas restricciones limitan la libertad del individuo, pero, por otro lado, constituyen la única fuente de la que puede manar la autonomía.

Este argumento es una ilustración paradigmática de cómo un enfoque de vivificación puede aumentar la posición de la Ilustración. La idea vivificada de la libertad no elimina el relato clásico-humanista de la autonomía (como hacen los relatos estrictamente biologicistas), sino que limita su absolutización a través de una relatividad encarnada, o mejor aún, relacionada. No existe la libertad individual desvinculada del mundo viviente, y cualquier intento de reivindicarla viola inevitablemente las necesidades de la vida encarnada, las necesidades vitales de los seres orgánicos.

Desde el punto de vista de la vivificación, la libertad es un proceso natural. Es la contrapartida activa de las necesidades esenciales para el funcionamiento de los cuerpos en los ecosistemas. La libertad es un proceso de imaginación que esculpe las dimensiones materiales y emocionales del intercambio en el procomún de la realidad ecológica, que incluye lo fisiológico, lo social, lo emocional y lo poético. El procomún es siempre doméstico y, por tanto, tiene un carácter económico, pero también es siempre metabolismo emocional: metamorfosis.

La idea de los bienes comunes se basa, por tanto, en una intrincada comprensión de la libertad y su relación con el conjunto: el individuo goza de muchas opciones de autorrealización, pero las únicas viables dependen del florecimiento de los sistemas vitales/sociales a los que pertenece. El yo solo puede crecer a través del despliegue del otro, y viceversa.

Por lo tanto, el secreto de todo vínculo amoroso está encerrado en el procomún. Toda relación productiva tiene la forma de un bien común. Organizar una comunidad entre humanos y/o agentes no humanos según los principios del procomún significa aumentar la libertad individual ampliando la libertad de la comunidad. Ambas se expanden conjunta y mutuamente a través de la otra, porque la expansión solo es posible como una transformación mutua de ambas.

Contrariamente a lo que supone nuestra cultura dualista, la realidad no se divide en sustancias materiales de átomos y moléculas, por un lado (regidas por los principios deterministas de la biofísica), y la cultura/sociedad no material (que son de carácter no determinista y mental/semiótico), por otro. La verdad sobre los organismos vivos es que dependen de un equilibrio precario entre la autonomía y la relación con el todo en *todos* los niveles de su funcionamiento. La evolución biológica es un proceso creativo que produce reglas para un aumento del todo a través de la autorrealización de cada uno de sus miembros.

Estas reglas son diferentes para cada tiempo y cada lugar, pero las encontramos en todas partes donde existe la vida. Se podría decir, de hecho, que son las estructuras básicas de cualquier vida. Son válidas no solo para la autopoiesis –la autocreación de las formas orgánicas–, sino también para una relación humana sana, para un ecosistema próspero y para una economía en armonía con el hogar biosférico.

Estas reglas son los principios operativos de los comunes. Ofrecen vías prácticas para que los comunes o comuneros construyan una nueva economía que esté más en consonancia con los sistemas naturales, limitando las «externalidades» que perjudican al resto de los ecosistemas y a otros seres humanos, generando abundancia para el conjunto más amplio, proporcionando una nueva visión para el desarrollo humano y fomentando intercambios sociales y ecológicos que sean vivificantes. Cualquier estructura que tienda a funcionar de acuerdo con los principios del procomún se enfrenta a la doble tarea de asegurar bienestar a cada individuo sin dañar al conjunto general. Encontrar un marco universal para ello es la tarea de la nueva cultura que anhela cobrar vida.

A través de una cultura de la vivificación, se hace posible una

emancipación de orden superior, al igual que la Ilustración se esforzó por liberarse de manera profunda. Pero la emancipación a la que
aspira la vivificación no se abastece solo de la promesa de la soberanía total del yo, sino que se nutre igualmente del deseo de apego.
Esta «Ilustración 2.0» ya no necesita separar la teoría de la práctica; ambas pueden combinarse de forma constructiva, liberándonos
para construir lo que de verdad se puede construir y evitar perseguir
teorías totalizadoras y utópicas. Porque la utopía es todo lo que promete una solución inequívoca, todo lo que se compromete a reducir
el grado en que las cosas del mundo están «moteadas» (como dijo
Gerard Manley Hopkins)[13] y que pretende reducir la zona respecti-
va en el complejo gradiente entre la totalidad y el aislamiento a una
ambigüedad que se puede manejar y vender. De este modo, la utopía
es un instrumento de servidumbre.

Si todas las cosas –materia y gesto poético– están respectiva-
mente ligadas unas a otras y a las narrativas insondables de todas las
demás, entonces la venta, el acto fundador de los mercados libres,
que intenta establecer la ambigüedad a través de la ficción del valor
monetario, no solo es un defecto moral, sino un error metafísico.
Pretende la homogeneidad donde reina la discontinuidad y necesita
desplegar su potencial imaginativo, que no debe ser controlado, para
alimentar los poderes de la vida y del alma. El dinero y el mercado
son instrumentos de un dualismo eliminatorio que primero encierra
nuestra alma y luego la aniquila, tratando de encerrar lo que nunca
puede ser controlado, porque incluso los instrumentos de dominación
están hechos de ella: la vida fértil, que no puede ser contenida si no
dirige sus fuerzas contra sí misma.

5. Puesta en común: invitar al otro

El enfoque de la vivificación no es solo una abstracta reimaginación filosófica del mundo. Es una realidad emergente en innumerables rincones de la Tierra. Los principios de la vivificación no se aplican únicamente a la biosfera viva o a algunas sociedades arcaicas. Más bien distinguen una amplia variedad de innovaciones sociales que intentan construir un nuevo tipo de economía basada en una práctica personal que mejora la vitalidad de los participantes. Estos fenómenos pueden verse en contextos muy diversos: sociedades tradicionales, culturas indígenas, cultura de internet, espacios urbanos, gestión de la tierra y el agua, y muchos otros. Las comunidades autoorganizadas de personas están eludiendo el modelo neodarwinista y neoliberal al inventar sus propias formas novedosas de autoabastecimiento y gobernanza.

No es de extrañar que esta transformación social tan ecléctica y desordenada surja sobre todo de los márgenes de la economía dominante. Se trata de una reinvención en tiempo real de la economía y la gobernanza por parte de las comunidades de práctica. La teoría todavía está tratando de ponerse al día con el fenómeno, pero está bastante claro que las iniciativas de base común están poniendo en práctica los principios de vivificación con diversos grados de autoconsciencia. Las nuevas formas emergentes combinan los intereses del individuo y los de la totalidad, la producción material y de sentido, y el intercambio.

Estos modelos basados en la vivificación están integrando lo social y lo cultural. Están redescubriendo la creación de sentido a través de la acción práctica. Resulta sorprendente que muchos de estos
proyectos rechacen de forma explícita las funciones y los rituales de
la economía convencional y las burocracias estatales. También tienden a rechazar la ética cultural del consumismo y los mercados, y a
honrar afirmativamente la participación, la apertura, la capacidad de
rendir cuentas y una igualdad aproximada. En esta economía basada
en el procomún, las personas no son «consumidoras» ni «producto-
ras» cuyos papeles están definidos por los bienes que se compran y
se venden a través del mercado. Son *comuneros* que inician, debaten,
deliberan, negocian y planifican entre ellos como parte del proceso
de satisfacer sus necesidades colectivas.

Dado que los agentes del mercado desprecian los planes de suministro alternativos por considerarlos una competencia no desea-
da, las alternativas basadas en el procomún tienden a florecer sobre
todo en los márgenes de la economía general y en los remansos
culturales. Las comunidades de vivificación suelen prosperar en los
medios precarios del Sur global, por ejemplo, donde la gente con
poco dinero no tiene más remedio que idear soluciones al margen
del sistema de mercado corporativo bioeconómico. Las viejas y ol-
vidadas prácticas de comunión son a menudo una alternativa viable,
aunque no vivificante, a las normas impersonales y depredadoras de
la economía del mercado.

Es importante señalar que, aunque la economía de mercado tiende
a ocultar esta economía social oculta, los sistemas basados en los
bienes comunes desempeñan un papel importante en la satisfacción
de las necesidades de la gente. Solo a través del «trabajo de cuidado» que se realiza en el seno de los bienes comunes de la familia,

que no aparece en ninguna cuenta financiera, pueden criarse y educarse los nuevos miembros de la fuerza de trabajo.[1] Se calcula que dos mil millones de personas en el mundo dependen de los bienes comunes de los bosques, la pesca, el agua, las tierras de cultivo, la caza silvestre y otros recursos para su subsistencia diaria.[2] Incluso se podría argumentar que las normas sociales, como el saludo regular a los demás o las reglas de cortesía (no llevarse la última galleta), son principios rudimentarios de los bienes comunes de un mundo compartido y co-creado en el que todo pertenece a todos y nada a una sola persona.[3]

Además, enormes segmentos de las industrias del *software* y la informática giran en torno a plataformas de *software* de código abierto cuyo código se puede compartir y modificar libremente.[4] Esta infraestructura, a su vez, alberga una compleja cultura global de bienes comunes digitales que incluye a Wikipedia, sitios web colaborativos, contenidos con licencia Creative Commons, revistas académicas de acceso abierto y comunidades de remezcla de música y vídeo, entre muchos otros. Los bienes comunes también pueden verse en innumerables disciplinas académicas, instituciones comunitarias, espacios urbanos, actividades sociales, monedas alternativas y sistemas de donación de sangre y órganos. A pesar de todo esto, los principales libros de texto de economía siguen ignorando los bienes comunes como una alternativa funcional a los mercados actuales. Como señaló un comentarista, la opinión dominante considera que los bienes comunes «no son más que los restos institucionales de acuerdos sociales que de alguna manera quedan fuera de la modernidad».[5]

Una razón obvia por la que tantos bienes comunes persisten y florecen, incluso en nuestra era de modernidad, es porque son fuentes ricas de satisfacción personal, social e incluso espiritual. En su estructura y funcionamiento, estas comunidades de vivificación no solo se centran en las personas y sus necesidades en el sentido económico tradicional –la producción, distribución y asignación de recursos físicos–, sino que también se preocupan por las necesidades internas de las personas, sus relaciones mutuas y la justicia e igualdad básica. Las nuevas formas de distribución intentan, por lo general, armonizar los intereses individuales y el conjunto como parte del proceso de satisfacción de las necesidades.

Las fuerzas que animan la economía de la vivificación son a menudo invisibles para los economistas convencionales porque los indicadores de la creación de riqueza –derechos de propiedad privada, contratos legales, dinero, intercambio de mercado– están ausentes. Sin embargo, los bienes comunes crean una enorme «riqueza», solo que el valor generado no suele estar monetizado ni envuelto en un paquete legal de derechos de propiedad. El atractivo de esta economía dominante es mortífero, mientras que la economía basada en los bienes comunes, al fomentar la participación, la iniciativa personal, la solidaridad social, etc., ayuda a la gente a sentirse viva de nuevo.

El nuevo enfoque de nuestro hábitat físico y mental revela que una perspectiva subjetiva, sentida y experiencial es el núcleo de una verdadera economía. Los sistemas de bienes comunes florecen en nuestras épocas sobrias precisamente porque son una fuente de satisfacción personal, social y espiritual. Los bienes comunes contemporáneos están menos orientados a las necesidades materiales de los seres humanos dentro de la concepción actual de la economía (producción, asignación y distribución de recursos a través del mercado), sino que se centran en las necesidades internas de los participantes, sus relaciones, la equidad y la igualdad.

Intercambio de plenitud

Estas dimensiones de la economía de la vivificación plantean una cuestión fundamental que los economistas –por las estrechas definiciones de su discurso– simplemente ignoran, a saber: «¿Cómo puede configurarse la economía para satisfacer nuestras necesidades y hacernos sentir más vivos?». Al fin y al cabo, estos dos criterios no son totalmente independientes. Podríamos refinar esta línea de investigación para preguntar: «¿Cuáles *son* aquí nuestras necesidades predominantes?» y «¿Cómo se pueden satisfacer las necesidades de todos?». Como puede observarse, estas preguntas que reflejan una perspectiva de vivificación, no son solo teórico-filosóficas, sino individuales y concretas. Nos sitúan en el ámbito de los bienes comunes o, más exactamente, en el ámbito de la práctica cotidiana de la gestión de los bienes comunes.

La puesta en común es el proceso práctico de la experiencia a través del cual podemos entender qué son las necesidades y cómo pueden satisfacerse más allá del mercado. La puesta en común es un intento de redefinir nuestra propia comprensión de la «economía», que la opinión respetable considera una máquina complaciente manejada por autómatas humanos (*Homo economicus*) que requiere una supervisión y corrección constantes por parte de un sacerdocio ungido (los economistas). Se trata de un régimen dualista, al estilo de la Ilustración, que enfrenta a las empresas con los clientes, y al Estado con las empresas (y a las «empresas como Estado» con los seres humanos). Este tipo de economía valora la racionalidad por encima de la subjetividad, la riqueza material por encima de la realización humana, y las necesidades abstractas del sistema (crecimiento, acumulación de capital) por encima de las necesidades humanas.

Los bienes comunes rompen estos dualismos. Reconfiguran nuestros papeles para que no seamos simplemente «productores» y «consumidores» con estrechos intereses económicos y materiales, sino participantes en un intercambio físico y significativo con múltiples necesidades materiales, sociales y de sentido. Los ciudadanos se dan cuenta de que sus necesidades domésticas y sus medios de vida están relacionados con su lugar y su hábitat específico, y con la Tierra como ser vivo. Se dan cuenta de que sus necesidades físicas (hambre, sed, salud) se entrelazan con su búsqueda de sentido existencial (una buena vida, alegría, apego). Por último, se dan cuenta de que la mancomunidad, como sistema alternativo para satisfacer las necesidades, consiste en una constante puesta en escena y redefinición, tanto de una multitud de relaciones materiales (metabólicas) como psicológicas (simbólicas).

Una estructura económica solo prosperará si se satisfacen todas estas dimensiones. Esto se aproxima a los principios de los bienes comunes, en los que nuestras necesidades sociales y personales se amalgaman con las complejidades ecológicas –una clase de hogar biosférico integrado–. Algunos ejemplos pueden ayudarnos a ilustrar estas ideas. Cuando los aldeanos de la India comparten semillas y utilizan prácticas agrícolas tradicionales, están integrando su necesidad de alimentos con los ciclos y características naturales del ecosistema local. Esto contrasta fuertemente con una «economía» agrícola que tiene en cuenta los precios mundiales, las semillas modificadas genéticamente, los plaguicidas y fertilizantes químicos y los monocultivos; todo ello diseñado para monetizar la producción agrícola y maximizar el rendimiento del capital. Este sistema parece muy «racional» al tratar de organizar eficiencias estructurales, pero es en realidad mortífero, porque, esencialmente, convierte a los individuos en siervos en sentido de una máquina económica global. El sistema elimina los espacios para la agencia humana y la satisfacción de las necesidades personales y sociales encarnadas, los «espacios vernáculos» en los que los seres humanos pueden concebir sus propias reglas, expresar sus propios valores, y negociar las estructuras preferidas para satisfacer necesidades particulares. Uno de los grandes escándalos de los que se ha informado poco es el de cómo las empresas occidentales han llevado los métodos agrícolas industrializados a la India rural. Debido a la dependencia de las semillas patentadas, la volatilidad de los mercados mundiales y los métodos agrícolas de las empresas, entre otros factores, cada vez son más los agricultores que se han visto endeudados. El resultado, desde 1995, es que en la India ha habido una epidemia de suicidios de más de 300.000 agricultores.[6]

Las prácticas de la economía comunitaria han suscitado tanto interés últimamente porque ofrecen una experiencia alternativa directa y personal al vacío interior del modelo bioeconómico imperante. La bioeconomía newtoniana y dualista tiene poco espacio para la variación local, la costumbre, la tradición y los principios éticos; todos ellos irrelevantes y extrínsecos en un sentido estrictamente económico. De este modo, el funcionamiento normal de la «economía» desbarata el sentido común de pertenencia y los compromisos interpersonales que nos definen como organismos vivos y convivenciales.

Buen vivir

En la mayoría de las regiones del mundo, los intereses empresariales y nacionales convergen. Ambos buscan reflexivamente maximizar las ventajas económicas eliminando todo lo que se interponga en su camino. El «desarrollo económico» se considera equivalente al desarrollo humano. Sin embargo, en la mayoría de los casos, los beneficios económicos van a parar a una pequeña élite de inversores, y cualquier desarrollo humano es un subproducto secundario y transitorio. Mientras tanto, las muchas cosas que generan un sentido de la vida y de la integración personal –las empresas de menor escala, las tradiciones y la estabilidad de la comunidad, la belleza del medioambiente, el intercambio social y la pertenencia– son barridas a un costado.

El objetivo de los proyectos de puesta en común y de las políticas que los apoyan es devolver la vivificación al centro de cualquier actividad económica. Un proyecto económicamente sólido debe ser también un proyecto vivificador. Esto significa que debe tratar de reflejar los intereses compartidos de todos y honrar las necesidades humanas más profundas y la integridad del entorno natural.

Las naciones de Ecuador y Bolivia han intentado avanzar en esta dirección adoptando disposiciones en sus constituciones para proteger el «buen vivir». Como explica el escritor boliviano Gustavo Soto Satiesteban, este concepto, derivado de las condiciones de los pueblos indígenas, pretende «hacer visibles y expresables aspectos de la realidad que son ignorados por el paradigma dominante. Es una propuesta desde una perspectiva radical y espiritual de la ecología, y es lógicamente incompatible con el desarrollo y la industrialización». Soto dice que el buen vivir

> […] implica varios significados que se manifiestan en la vida comunitaria: el hecho de que animales, personas y cultivos convivan; la convivencia con la Pachamama («Madre Tierra»: el agua, las

montañas, la biosfera) y, finalmente la convivencia con la comunidad de los ancestros (*w'aka*). Es una práctica comunitaria que encuentra su expresión organizativa en el espacio [...] agrícola rural donde predomina la reciprocidad. Es evidente que estas enunciaciones se hacen desde el común, desde la comunidad, desde la primera persona del plural, y no desde el «yo», desde el individuo. En sentido estricto, el «individuo» sin comunidad esta desprovisto, huérfano, incompleto.[7]

El buen vivir está claramente orientado a fomentar los sentimientos que todos buscamos, como la sensación de estar en casa en una comunidad, un pueblo o ciudad, de estilo antiguo donde la mayoría de la gente se conoce. Superar la alienación y el anonimato es probablemente el punto más importante del diseño de proyectos sostenibles y de economía común.

Es fácil asociar estas aspiraciones con una sociedad premoderna y preindustrial, pero en realidad la dinamización es el «ingrediente mágico» para la revitalización económica incluso en países industrializados como Alemania. Un reciente estudio hecho por el Departamento Federal de Construcción e Insfraestructura alemán[8] evaluó el éxito de los proyectos de desarrollo económico en marcha en las zonas rurales despobladas del este de Alemania. El resultado fue que los únicos proyectos verdaderamente prósperos eran los que proporcionaban a los participantes una estrecha relación personal con sus comunidades y una sensación de satisfacción personal. El cambio económico requiere políticas que fomenten la vivificación. Ambas cosas son sinérgicas. El informe del Ministerio alemán concluye que todo proyecto de revitalización económica que tenga éxito debe: 1) aprovechar los activos naturales del entorno protegiendo su valor; 2) construir una comunidad fomentando los encuentros sociales, organizando el tráfico y fomentando los medios de vida cotidianos (escuelas, cafeterías, tiendas comestibles, panaderías, etc.), y 3) promover la participación y la innovación desde abajo (es decir, la eliminación de las restricciones externas que pueden impedir que la propia comunidad decida cómo buscar el cambio y gastar el dinero). En los lugares que ya no pueden ser explotados por la economía de mercado, los principios de la economía colaborativa son el único modelo productivo.

Elinor Ostrom, ganadora del Premio Nobel de Economía en 2009 por su labor de teorización durante décadas en el área de estudio de los bienes comunes, investigó cómo los pescadores de langostas de la costa de Maine, los terratenientes comunales de Etiopía, los recolectores de caucho del Amazonas y los pescadores de Filipinas podían gestionar sus recursos compartidos de forma sostenible sin sobreexplotarlos. Ostrom descubrió que garantizar la máxima libertad en el escenario local es un factor crítico. Los responsables políticos no solo deben dar a los actores la oportunidad de conectarse entre sí y con el entorno local, sino darles la libertad de ser creativos y responsables. La libertad local es necesaria para dar cohesión al conjunto. Podemos expresar esta conclusión empírica en términos del paradigma de la vivificación y sus máximas más específicas de: 1) principios generales, pero reglas locales, y 2) un equilibrio de la individualidad y el todo (interser).

La libertad local es también una de las ventajas más citadas de los mercados: la liberación de energías descentralizadas. Pero esta característica se ve *frustrada* la mayoría de las veces por la concentración estructural de los mercados, en los que las grandes empresas y los oligopolios ahogan la participación local y la innovación, un hecho que se ha observado en muchas ocasiones.[9] Los grandes actores del mercado se empeñan en erigir tantas barreras a la competencia como sea legalmente posible. En cualquier caso, los mercados están diseñados para maximizar el beneficio privado y «externalizar los costos» (trasladarlos a otras personas y al medioambiente) en la medida de lo posible. En cambio, los comuneros no están obligados a maximizar la producción económica ni a privatizar las ganancias. Al no tener un imperativo estructural de ser adquisitivo o codicioso, y con todos los incentivos para mantener su ecosistema local sostenible y limpio, es más probable que los comuneros estén dispuestos a apoyar y aconsejar a otros comuneros.

Economía descalza

A diferencia de la economía de mercado, la puesta en común no consiste únicamente en producir y distribuir recursos, sino en construir relaciones significativas con un lugar, con la Tierra y con los demás. Este es el poder de influencia oculto de la mancomunidad. Los economistas no suelen ver o entender estas «fuerzas invisibles» porque su vector de análisis es la teoría del juego «racional» y el funcionamiento de las máquinas egoístas y los genes egoístas. Los mundos sociales, morales y espirituales de la existencia humana no tienen una posición real en la economía estándar. Sin embargo, estas fuerzas son, precisamente, las que aglutinan a los bienes comunes, permitiéndoles funcionar como un paradigma de abastecimiento duradero, eficaz, socialmente satisfactorio y ecológicamente constructivo.

Para Donella Meadows, que dedicó sus últimos años de vida a investigar cómo identificar y definir los puntos de apoyo ocultos para influir en los sistemas que parecen insensibles a las modificaciones, estos sentimientos de vitalidad son un desencadenante ignorado, pero muy influyente para el cambio.[10] El pensamiento económico del paradigma actual no es capaz de generar soluciones sostenibles porque se resiste a reconocer cualquier papel significativo para el propósito y el significado humano autoorganizado en la toma de decisiones socioeconómicas. El propósito es siempre el mismo y siempre conocido de antemano: el crecimiento económico sin restricciones. Por lo tanto, incluso aquellos que buscan de manera desesperada el cambio suelen pasar por alto soluciones totalmente factibles y no consiguen catalizar el cambio sistémico porque están encerrados en una visión del mundo atrofiada. Las soluciones reales no surgirán a menos que los actores replanteen primero su visión en un paradigma diferente.

La vivificación puede servir de palanca para el cambio porque abre la puerta a que los ciudadanos hagan algo completamente «loco», es decir, que emprendan un plan que no se ajuste en absoluto a un modelo centralizado y dirigido por expertos, pero que, sin embargo, tenga un sentido absoluto en términos humanos para las personas reales sobre el terreno, que obtienen inmensas satisfacciones personales al respetar sus instituciones, sentimientos y conocimientos de primera mano.

Este fue precisamente el origen del *software* libre y del *software* de código abierto en la década de 1990: los programadores empezaron a identificar y resolver problemas de codificación que las empresas de *software* habían rechazado por considerarlos demasiado triviales, ambiciosos o, simplemente, poco rentables. Por lo general, las empresas deben hacer inversiones serias y anticipar grandes beneficios antes de poder ofrecer determinados bienes y servicios, de modo que se evitan los esfuerzos «arriesgados» y «especulativos».

Pero los *hackers* que operan como comunidad de prácticas comparti-
das pueden trabajar en todo tipo de retos importantes que se consideran
por debajo del umbral de la acción «racional» del mercado. Podrían
«rascarse la picazón», como dice el dicho de los *hackers*, y desenca-
denar toda una cascada de colaboraciones impulsadas por la sociedad
que darían lugar a programas de *software* útiles. Nadie funciona como
productor o consumidor, y el programa resultante no es un «producto». Todos actúan como «curadores» del recurso, e incluso el propio
recurso es más un elemento de la propia comunidad que un «otro»
separado y objetivo. Esto encaja con los principios de vivificación al
difuminar las fronteras de «recurso», «sistema» y «consumidores».
Solo hay un bien común que lo engloba y que se desarrolla a través
de las iniciativas de una serie de actores materialmente encarnados.

Esto sobre todo es cierto para nuestra participación en la abundancia de la naturaleza. La misma dinámica puede verse en innumerables
comuneros que se relacionan con sus ríos cercanos, la pesca, la caza
silvestre, los bosques, las tierras de cultivo y otros recursos. Su relación es de curador. El poeta y agricultor Wendell Berry contrasta
este *ethos* con el de la cultural del mercado, diciendo: «Sabemos
lo suficiente de nuestra propia historia para ser conscientes de que
la gente explota lo que simplemente ha concluido que tiene valor,
pero defiende lo que ama».[11] Cultivar las relaciones con lo más-que-
humano y con los demás empieza a crear, como de la nada, nuevos
y misteriosos puntos de apoyo para transformar los sistemas en direcciones sostenibles. Pero nada de esto es posible si no aprendemos
a confiar en nuestros sentimientos corporales como organismos y a
honrar la comunión con otros humanos.

Resulta que los proyectos verdaderamente sostenibles –sostenibles a largo plazo– son siempre proyectos que satisfacen a los par-

ticipantes de forma multidimensional. Son proyectos que satisfacen un amplio abanico de necesidades humanas que va más allá de los ostensibles intereses materiales y utilitarios del *Homo economicus.*[12] Podemos comprender mejor estas necesidades y su importancia esencial si observamos la matriz de necesidades humanas concebidas por el economista chileno Manfred Max-Neef como argumento central de su concepto de economía descalza. El objetivo de Max-Neef era diseñar modelos económicos que pudieran satisfacer las necesidades reales de los pobres del Sur global que, obviamente, no se benefician del capitalismo corporativo.[13] Este trabajo supone la creación de una ciencia en primera persona (o, en este caso, de una economía en primera persona) porque identifica las necesidades humanas encarnadas que pueden objetivarse y ponerse en relación útil. El objetivo de Max-Neef era insertar e integrar las necesidades humanas en una teoría económica, del mismo modo que los bienes comunes lo hacen en términos económicos.

Matriz de necesidades humanas de Max-Neef

Necesitar	Ser (cualidades)	Tener (cosas)	Hacer (acciones)	Interactuar (lugares)
Subsistencia	Salud física y mental	Alimentación, vivienda y trabajo	Alimentar, vestir, descansar, trabajar	Entorno vital, hábitat social
Protección	Cuidado, adaptabilidad, autonomía	Seguridad social, sistemas	Cooperar, planificar, cuidar, ayudar	Entorno social, vivienda
Afecto	Respeto, sentido del humor, generosidad, sensualidad	Amistades, familia, relaciones con la naturaleza	Compartir, cuidar, hacer el amor, expresar emociones	Privacidad, espacios íntimos de convivencia
Comprensión	Capacidad crítica, curiosidad, intuición	Literatura, profesores, políticas, educación	Analizar, estudiar, meditar, investigar	Escuelas, familias, universidades, comunidades
Participación	Receptividad, dedicación, sentido del humor	Responsabilidades, deberes, trabajo, derechos	Cooperar, disentir, expresar opiniones	Asociaciones, partidos, iglesias, barrios
Ocio	Imaginación, tranquilidad, espontaneidad	Juegos, fiestas, serenidad mental	Soñar despierto, recordar, relajarse, divertirse	Paisajes, espacios íntimos, lugar para estar a solas
Creación	Imaginación, audacia, inventiva, curiosidad	Habilidades, destrezas, trabajo, técnicas	Inventar, construir, diseñar, trabajar, componer	Espacios de expresión, talleres, audiencias
Identidad	Sentido de pertenencia, autoestima, coherencia	Lengua, religiones, trabajo, costumbres, valores, normas	Conocerse a sí mismo, crecer, comprometerse	Lugares a los que se pertenece, entornos cotidianos
Libertad	Autonomía, pasión, autoestima, mentalidad abierta	Igualdad de derechos	Disentir, elegir, correr riesgos, desarrollar la consciencia	En cualquier lugar

Matriz de necesidades humanas

La matriz de necesidades humanas[14] de Max-Neef está explícitamente concebida como una teoría económica básica. Su brillante intuición fue tomar la economía al pie de la letra. La economía afirma que es la ciencia de la alocación y la distribución para satisfacer las necesidades humanas. Entonces, ¿cuáles *son* esas necesidades? El marco económico de Max-Neef aclara que el abanico de nuestras necesidades es mucho más amplio y rico que el establecido por la bioeconomía, que evita explícitamente cualquier evaluación sustantiva de las necesidades y las reduce a la métrica única de la utilidad. En el modelo económico darwinista/neoliberal, un ser humano (al igual que una corporación) es en esencia una máquina programada para ganar y matar como estrategia para sobrevivir y prosperar.

Esta meta del programa *no es* una necesidad; una necesidad puede ser interpretada, negociada, propuesta o transformada con respecto a otros «jugadores», que es precisamente la libertad vivificada de cualquier necesidad. El objetivo de matar y ganar y de comportarse siempre de forma que el objetivo de ganar y ser mejor que los demás (también conocido como actuar en «interés propio») se alcance, no como el comportamiento de un ser vivo, sino como el comportamiento de una máquina que es programada de forma lineal, aunque la programación real consiste en algoritmos subyacentes mutuamente reflexivos y cascadas cibernéticas. El comportamiento de la máquina no tiene ninguna viabilidad en relación con un cambio en sus estados internos y con las variaciones en el entorno o en los objetivos de otros actores. Por eso, el comportamiento humano que se aferra mecánicamente a una determinada meta o visión del mundo y no es capaz de reflexionar se denomina trastorno de personalidad, como el narcisismo. Esta es incluso su característica definitoria: los trastornos de personalidad hacen que el comportamiento sea repetitivo, maquinal e incapaz de ser influido. Podríamos decir, pues, que la bioeconomía conduce a un trastorno narcisista de la sociedad.

La idea de Max-Neef de una economía descalza introduce nuevas dimensiones empíricas de la necesidad, el significado y el sentimiento en el razonamiento económico de una manera no trivial y no esotérica. Estas categorías analíticas hacen legibles algunas dimensiones reales de la necesidad humana que deberían influir en nuestra comprensión de la emergente economía basada en los bienes comunes.

Huertos urbanos

Un ejemplo de moda para obtener beneficios objetivos y, al mismo tiempo, experimentar una alegría subjetiva (o incluso *cool*) es el movimiento mundial de huertos urbanos.[15] En la última década, aproximadamente, en las principales ciudades occidentales ha surgido un número creciente de huertos comunitarios en muchos barrios. Los huertos urbanos actúan como foco de salud, comunicación e inclusión multiétnica. No solo se cultiva en ellos alimentos de alta calidad, sino también un nuevo *ethos* urbano: la idea de que la ciudad no es propiedad de promotores corporativos ni esta definida por coches, muros de hormigón y órdenes administrativas. La ciudad es de todos.

Los huertos comunitarios ofrecen un espacio físico real para que las personas se hagan cargo de nuevas identidades y afirmen un mínimo de autonomía sobre sus vidas y sus alimentos a través de la cooptación y el intercambio. Una vez más, esta ética solo puede surgir a través de las experiencias de los sujetos que, a su vez, generan conocimientos forjados por la práctica. La horticultura urbana consiste, no solo en ganarse la vida, sino también en aprender el «gesto de lo vivo» y, como dijo Gregory Bateson, el «patrón que conecta»,[16] porque es la forma en que nos comunicamos con nosotros mismos, con otros seres humanos y con cualquier cosa viva.

El filósofo del procomún David Bollier afirma: «Cada vez más personas empiezan a darse cuenta de que los espacios públicos, como los parques, los huertos comunitarios, los mercados de agricultores y los festivales son también importantes para la salud económica y social de una comunidad. Cada vez hay más consciencia de que las infraestructuras basadas en el procomún, como el acceso inalámbrico a internet, son una buena forma de utilizar un recurso público, las ondas, para ayudar a la gente a conectarse entre sí [...] el emergente sector de los bienes comunes provee beneficios que las empresas corporativas no pueden proporcionar, como ecosistemas saludables, seguridad económica, comunidades más fuertes y una cultura participativa».[17]

Teniendo en cuenta la idea de Bateson de que las estructuras animadas expresan «el patrón que conecta», es útil ver los huertos urbanos y otras innovaciones basadas en el patrimonio como un tipo de «lenguaje de patrones», un término introducido por el arquitecto y artista Christopher Alexander. Su idea básica es que la realidad viva siempre sigue un lenguaje de patrones que expresa las necesidades existenciales encarnadas que se agrupan en «centros de vida». Todo lo que aumenta la vitalidad se organiza en patrones significativos que podemos discernir fácilmente y que nos ofrecen satisfacción, por la sencilla razón de que también estamos vivos.[18] Alexander argumentó que este es también un principio fundamental de las artes y de la propia naturaleza.

Alexander propone que cualquier diseño que tenga un significado vivo –desde la arquitectura hasta la estructura política o el diseño urbano– debe tratar de identificar y encarnar el lenguaje de los patrones estéticos existenciales. Estos patrones surgen a medida que los seres vivos experimentan y consolidan sus conocimientos sobre lo que funciona y lo que no funciona, lo que es agradable y vivificante y lo que no lo es. El mundo está plagado de lenguajes de patrones que encarnan y expresan los bienes comunes sensuales del mundo, sugiere Alexander. Recopila una suerte de lista de principios ocultos de los bienes comunes, proponiendo, por ejemplo, que «organicemos el planeta como una mancomunidad de regiones independientes».[19]

La identificación de patrones para una vida significativa disuelve la separación entre la práctica y la teoría, ya que el «plan» teórico siempre debe ser vivido y sentido para ser considerado relevante. Los intercambios en común no están pensados para ser totalmente teorizables, porque gran parte de su funcionamiento proviene de la energía contagiosa y el sentimiento de la propia vitalidad tal y como se experimenta y practica. Como ya se ha descrito, esto está en consonancia con mi propuesta de desarrollar una ciencia en primera persona que abarque tanto la subjetividad empírica como la objetividad poética.

La puesta en común sigue ciertas pautas de enredo vivificante entre los agentes humanos y el hábitat, al tiempo que satisface las necesidades materiales e interiores de ambos. Satisfacer las necesidades, construir una comunidad, experimentar el placer estético y la alegría: todo ello se combina en el paradigma único de la mancomunidad. Se podría decir que los bienes comunes son bloques de construcción universales que pueden utilizarse como centros de vitalidad.

El juego de la vida

Estos ejemplos demuestran que el paso de una economía neodarwinista/neoliberal a un mundo de hogares biosféricos no es una utopía.[20] Ya está ocurriendo. Es el objeto de una floreciente literatura académica y de iniciativas y propuestas políticas activistas.[21] El objetivo común de muchos de estos esfuerzos es diseñar círculos de intercambio humano que impliquen formas nuevas y más humanas de relacionarse entre las personas y con el mundo más-que-humano. El objetivo es fomentar contextos más hospitalarios para la creación de sentido humano, de modo que los seres humanos puedan convertirse en participantes productivos en los ciclos nutritivos de la biosfera, y no en meros espectadores o explotadores de la misma (es decir, productores y consumidores). Ser un participante activo en la biosfera no significa obedecer todas sus leyes, sino promulgar la libertad dentro de las limitaciones de la necesidad existencial y ecológica.

Para el filósofo alemán Friedrich Schiller, la paradoja de satisfacer por igual nuestras necesidades de pertenencia y nuestra necesidad de autonomía es la culminación de la cultura. En su concepto de educación estética, Schiller expresaba su convicción de que la negociación de estas paradojas era necesaria para vivir una vida verdadera y con sentido, una vida que cumple con su potencial y que, al mismo tiempo, revela la vitalidad de un todo extenso, y en este sentido es estética o poética.

Para resolver esta paradoja, Schiller no eligió la solución por la que Hegel y, tras él, Marx y Engels optaron un poco más tarde en la historia: disolver las contradicciones en una «síntesis superior». Hegel y sus seguidores aspiraban a actualizar un supuesto espíritu mundial y lograr una sociedad sin clases, por lo que cualquier sufrimiento humano podría achacarse siempre a no haber acertado con la dialéctica. Sin embargo, Schiller decidió ceñirse a la práctica de lo vivo, y en particular, a las profundas lecciones aprendidas en la primera infancia.

Para Schiller, el entrelazamiento de la autonomía individual y la necesidad más amplia solo podía cumplirse a través del juego. El juego se desarrolla a partir de la libre elección de la persona sobre cómo hacer lo que es necesario. Solo en el juego somos plenamente humanos, creía Schiller. Podríamos añadir que solo somos naturales en el juego.[22] No es del todo descabellado sugerir que la práctica de una economía vivificada equivale nada menos que a la práctica de una vida rica y lúdica. Esta visión, la profunda atracción y satisfacción del juego serio, puede ser la fuerza imaginativa más potente para ayudarnos a afrontar las realidades de nuestro tiempo.

En este sentido, la sabiduría ofrecida por el fundador del movimiento de transición, Rob Hopkins, parece totalmente aplicable a la práctica poética de la vivificación: «Si no es divertido, no lo estás haciendo bien».[23]

6. Objetividad poética: comprender cómo estar plenamente vivo

Durante los últimos cuatrocientos años, la ciencia se ha apoyado en la «objetividad» que proporcionan el pensamiento racional y las mediciones técnicas. El método empírico introducido por el filósofo británico Francis Bacon había acabado con la especulación escolástica, aunque el empirismo conservaba su método discursivo de comunicación mediante argumentos. Pero la «ciencia objetiva» resultante es incompleta, porque no tiene en cuenta la realidad subjetiva de los seres encarnados.

Si quiere ser más fiable y perspicaz, la ciencia debe dar un paso más e incluir en su metodología la experiencia compartida encarnada. Debe seguir confiando en los métodos «objetivos» en tercera persona de la observación empírica y el razonamiento intelectual, pero también debe introducir el significado subjetivo irreductible como elemento necesario. El pensamiento científico debe desarrollar un relato en primera persona de sus objetos a través de sus sujetos. La ciencia debe incorporar la objetividad poética.

Esto puede sonar contradictorio: ¿cómo puede la ciencia ser objetiva y subjetiva a la vez? Pero, de hecho, la experiencia subjetiva puede desarrollarse de forma sistemática. Sin el obstáculo de las convenciones, los prejuicios y la jerga, podemos entrenar nuestro empirismo y comunicación para acceder a esas partes de nosotros mismos y de los demás para estudiar e informar sobre el ser vivo. El lenguaje poético nos permite expresar sistemáticamente nuestra relación con el mundo y con los demás.

Si queremos establecer una práctica científica que derive su objetividad de su validez universal para todos los seres, necesitamos revalorizar nuestra experiencia subjetiva y desarrollarla más. Para poder hacerlo, es necesario captar la herencia centenaria del encierro mental. Hay que abrir los ojos a la anestesia que adormece la vida de los seres humanos ya en su juventud y que está cimentada por los sistemas educativos que aún siguen el ideal de ciencia empírico-racional formulado por Bacon a principios del siglo xvii.

Es esencial que recuperemos nuestro derecho fundamental a expresar nuestros propios sentimientos en nuestras relaciones domésticas y en nuestra autopercepción. La perspectiva dualista sostiene que no podemos conocernos a nosotros mismos porque la mente y la experiencia son inconmensurables con la materia de la que estamos hechos. Desde este punto de vista, mi sugerencia no parece muy prometedora. Pero si partimos de la constatación de que las experiencias vividas son el denominador común de todos los seres encarnados, desde las células individuales en adelante, si admitimos que estas experiencias no son inaccesibles para la mente, sino que son su fundamento, entonces parece muy posible una conexión más profunda. Solo tenemos que girar nuestro punto de vista: «El fundamento del ser» –la vivencia compartida de un cosmos fértil– no es un enigma inalcanzable, el tabú del pensamiento serio, sino la condición previa adecuada para la comprensión.

Hay un gran obstáculo: muchos seres humanos no tienen un buen acceso a sus propias necesidades a nivel emocional.[1] Sin embargo, las necesidades no son más que manifestaciones específicas de la especie de lo que necesitamos como organismos, como sujetos productivos en conexión, para prosperar. Las necesidades son individualmente distintas, pero comunes a todos. Todos deseamos. Todos anhelamos la conexión, la comida, el refugio, la salud y la libertad de elección, no solo nosotros, los humanos, sino también nosotros los animales y nosotros los seres. Estas necesidades significan que estamos vivos.

Las necesidades existenciales se manifiestan en los sentimientos. Los sentimientos no pueden desconectarse porque son la realidad. No desaparecen. Solo se pueden encerrar. Si los sentimientos se encierran, se vuelve tóxicos. El dolor de reprimir la propia verdad legitima incondicionalmente el sometimiento de los demás. Este dilema podría ser el responsable más profundo de nuestra incapacidad para transformar nuestras sociedades en culturas más fértiles de reciprocidad. Podemos observar el distanciamiento a nivel de la salud mental individual, provocando dolor en las relaciones de pareja y entre padres e hijos. Pero también actúa a mayor escala dentro de nuestra sociedad, y en la relación de esta con el mundo humano. El dolor que nos produce el encierro de nuestra alma nos lleva a actuar contra los otros seres que experimentan ese dolor porque viven afferrándose ingenuamente a la gracia de ser solo lo que son.

Por lo tanto, es necesario valorar nuestros sentimientos de una manera nueva por completo. El sentimiento tiene que estar en el centro de una cultura de la vida, ya que es nuestra conexión con el resto del mundo. No compartimos nuestra forma de razonar con otros seres, pero todos participamos de la misma forma de sentir. Todos somos seres vulnerables que conocen la amargura del dolor y la dulzura del yo en ascenso. Revalorizar el sentimiento como instrumento de conocimiento es una tarea formidable, ya que nuestra civilización lleva siglos acordando que el sentimiento no tiene nada que hacer en ningún asunto serio de la realidad. Al hacerlo, hemos abandonado nuestro órgano de percepción más fiable.

El sentimiento es verdadero conocimiento no verbal. A través del sentimiento, habitamos en este lado de la polaridad de las cosas entre el mero peso y el significado puro. El sentimiento, por tanto, es un instrumento de percepción. Es nuestro sensor más objetivo de lo que ocurre. Pero para creer realmente en esta objetividad, tenemos que aceptar la premisa básica de la vivificación: el hecho de que este mundo no es una colección de cosas muertas, entre las que hay algunas (los humanos y los perros de compañía, por ejemplo) que están imbuidas de consciencia por alguna razón misteriosa. Nuestra realidad es un vasto espacio poético: la unidad, que anhela desplegarse y conocerse a sí misma a través de la fisión y la diversión.

Si queremos empezar a confiar en la objetividad del sentimiento, tenemos que aceptar que este cosmos es materia con un interior significativo. La materia con un interior significativo es el rasgo de algo que conocemos íntimamente, desde dentro, tal como es: la vida. Tenemos que aceptar que este cosmos está vivo. Entonces el sentimiento se convierte en la visión más profunda del carácter de la realidad. Nuestro propio sentimiento revela lo que le sucede al mundo todo el tiempo: la interioridad desplegándose según lo que le sucede a un exterior, un conjunto vulnerable y frágil de cosas (nuestro cuerpo) que ocurre en un mundo hecho de luz y sombra.

La objetividad como la capacidad de ser tocado

Estar vivo es estar lleno de vida. Estar lleno de vida no solo incluye el cuerpo, sino también la experiencia subjetiva. Para permitirnos estar llenos de vida, necesitamos una práctica de vitalidad que vaya más allá de la objetividad abstracta de la razón e incorpore la realidad del organismo vivo y sus propias emociones. Una actitud así entiende la realidad como una red de relaciones, se toma en serio el cuerpo como lugar de experiencias existenciales y deja de reprimir las necesidades al servicio del control y del propio funcionamiento de acuerdo con las normas de los demás. Esta actitud es necesaria para la filosofía como práctica de nuestra relación con la realidad, así como para nuestra práctica diaria de las relaciones particulares, tanto entre amigos y familiares como en las salas de juntas de las empresas.

La objetividad que reclama esta actitud no transmite control, sino que se construye a partir del valor de dejarse llevar. Por esta razón, solo este punto de vista puede ser poético. La objetividad poética no es un pensamiento esotérico. Está firmemente anclada en la realidad. Esta realidad, sin embargo, no es un lugar de medición y recuento sin valores, sino de intereses propios encarnados. La objetividad poética se basa en la subjetividad empírica. Todos somos sujetos, pero solo podemos serlo a través de los demás y con los demás. Solo podemos ser subjetivos siendo objetivos. Ser un cuerpo es un hecho *y* una experiencia irreductibles. *Somos* cuerpos; no *tenemos* cuerpos (lo que significa que nuestro cuerpo es una cosa fuera del yo). Somos cuerpos a través de un metabolismo compartido, por el hecho de participar inconscientemente en los bienes comunes de la luz, el aire y el agua. *Somos* porque estamos con otros. Como sujetos-juntos podemos negociar una perspectiva fértil que nos conduzca a la vitalidad. Esta es la verdadera objetividad de la que es capaz la vida. Esta visión desafía el viejo dogma de Descartes de que solo podemos estar seguros de nuestra mente (*cogito ergo sum*).[2]

Puedes obtener una certeza subjetiva sobre tu cuerpo y tu experiencia, que es una certeza en primera persona. La perspectiva en primera persona de esta experiencia ya incluye al otro para establecer el yo y el sentimiento de sí mismo. La certeza resultante no es la neutralidad de un espectador desapegado, sino un profundo enredo en los asuntos del mundo y del propio yo. El conocimiento resultante es un sentimiento de certeza sobre las propias necesidades y sobre el grado en que logramos entrar en conexión con los demás. Incluso el famoso dictamen de Descartes se remonta a esta certeza (aunque él no lo hubiera admitido). Es una afirmación hecha por un ser de carne y hueso, aunque presuma de estar aliada a la objetividad divina y, por tanto, más poderosa.

La vivificación pasa por aceptar el cuerpo, no como una «grave» y deplorable restricción de la libertad, sino como la condición de posibilidad de la libertad. Ser un cuerpo, ser un yo con emociones y transmutarse continuamente mediante interacciones verbales y no verbales es el deseo empírico de los seres. Conforma las condiciones previas y las pautas de la experiencia subjetiva y existencial. La objetividad poética se relaciona con el núcleo subjetivo del yo: el significado existencial que cualquier ser orgánico produce desde ese centro de preocupación que es su yo.

La cuestión crucial es que todos nosotros, todos los seres vivos, desde la más modesta célula bacteriana de nuestras entrañas hasta usted, el lector, compartimos la experiencia de un núcleo significativo que se preocupa por lo que le ocurre y se esfuerza por mantenerse vivo. Como seres vivos, todos tenemos un interés genuino en seguir viviendo, y conocemos la alegría y la exuberancia ligera del simple hecho de ser. La objetividad poética trata de comprender cómo se siente la expresividad en nuestro cuerpo y cómo puede comunicarse y elaborarse. Desea ser una respuesta a la fuerza expresiva del cuerpo y se esfuerza por ser comunicada y refinada. En la autoexperiencia como alegría se encuentra la clave de la conexión entre la materia y el sentido, el parentesco indecible del ser y el significado que nunca se puede comprender del todo, del que solo se puede participar.[3]

Este gesto poético es la expresión natural de las experiencias en una existencia que es expresiva y encarnada desde el comienzo. A este gesto responden los artistas: una obra de arte nos atrapa emocionalmente y nos muestra así algo profundo acerca de la vitalidad. Esta comprensión emocional es una experiencia existencial compartida, una objetividad poética. No es fundamentalmente diferente de lo que experimentamos al encontrarnos con otros seres en la «naturaleza». Todo organismo es una expresión poética de la vida. Está totalmente cerrado en sí mismo y es absolutamente transparente.

La objetividad poética no es la objetividad de la prueba científica. La objetividad científica ejerce un dominio imperial al excluir la subjetividad de los seres vivos, que en verdad es una característica crucial del mundo. La objetividad poética no intenta imponerse. La objetividad poética es deliberadamente débil. No podemos «probarla» con la cuantificación o con controlados experimentos reproducibles. Solo podemos intentar acercarla al observador y dejar que haga su trabajo transmitiendo el don de la vida, despertando el deseo de vivir. En este sentido, la objetividad poética tiene más poder que cualquier razonamiento científico porque podemos sentirla y porque puede transformar nuestras acciones, incluso antes de que nuestra mente consciente pueda reconocerla. La gran literatura es capaz de transformar la vida personal, al igual que la experiencia de la naturaleza y la presencia de otros seres. Se puede ganar en perspicacia, no solo con la propia experiencia, sino también con la experiencia poética cristalizada.

La filósofa Ivy Campbell-Fisher observó: «Si pudiera ser tan triste como algunos pasajes de Mozart, mi gloria sería mayor de lo que es [...]. Mi comprensión de la esencia de la tristeza no proviene de los momentos en que he estado triste, sino de los momentos en que he visto la tristeza ante mí, liberada de los enredos de la contingencia en las obras de nuestros grandes artistas».[4] La objetividad poética no proporciona una prueba empírica, sino una prueba encarnada. Es una validación de los procesos por los que el individuo se crea a sí mismo a través del todo, en los que solo se puede participar a través de la implicación emocional.

Pensar como una montaña

La objetividad poética exige que podamos someter cualquier práctica a las preguntas: ¿es esto imaginación productiva? ¿Es un intercambio entre el yo y el otro? ¿Proporciona gracia? ¿Aumenta la vitalidad? ¿Aporta más vida? ¿Hago la vida más plena? Evidentemente, no son las mismas preguntas que se hacen los utilitaristas cuando buscan el máximo beneficio (una métrica sustitutiva del bien común). Desde el punto de vista de la vivificación, las preguntas sobre el bien común apuntan en una dirección diferente y se basan en juicios cualitativos. Tienen en cuenta la experiencia individual, la libertad, el crecimiento y la salud, y reconocen que cualquier mejora de la vida solo puede captarse mediante la imaginación poética. No se puede analizar ni medir directamente. Solo puede conocerse a través de la experiencia, del mismo modo que la verdad de un poema nada más puede entenderse desde el núcleo del ser sensible que utiliza el lenguaje como medio para comprender el ser de otro ser. La objetividad poética es objetiva porque es compartida. Es objetiva desde una perspectiva compartida en primera persona.

La idea de objetividad poética, que transforma la inanimada «visión desde afuera» (la racionalidad empírica) en una experiencia desde adentro (subjetividad empírica), exige una ciencia en primera persona para generalizar este tipo de conocimiento más rico. Para ser claros: un enfoque en primera persona no es equivalente a la perspectiva del ego humano. Más bien da voz a los sentimientos reprimidos por el ego humano controlador, así como a las experiencias en primera persona de otros seres. Una ciencia en primera persona también tendría en cuenta las dimensiones interiores de los zorros y los peces, los ríos y los bosques, los océanos y las costas.

Esta experiencia no se puede abarcar solo en un ensayo erudito. Adoptar esta perspectiva es, como lo describió el ecofilósofo pionero Aldo Leopold, «pensar como una montaña».[5] Pensar como una montaña no significa pensar desde el punto de vista del individuo, sino desde la forma de vida creativa y productiva; solo así podemos comprender lo que hay más allá de nuestra limitada imaginación. Este espacio más allá es la objetividad del conocimiento poético. No se puede extraer, sino que solo es accesible mediante una cuidadosa participación, ofreciendo su propia vida para ser poblada por las vidas de los demás. «Solo la montaña ha vivido lo suficiente para escuchar objetivamente el aullido de un lobo», escribe Leopold.

Esta objetividad es una descripción precisa, pero también es una actitud. Tenemos la oportunidad de entrar en contacto con la nobleza del ser si nos exponemos a la perspectiva de toda la biosfera y no cedemos solo a nuestras necesidades de soberanía y protección. La nobleza del ser es lo que en este mundo es más vulnerable y, al mismo tiempo, más difícil de erradicar. La insurgencia contra la objetividad controladora defiende esta nobleza contra la banalidad de la actitud de buscar el rescate solo para uno mismo. Esta defensa es también pensar como una montaña. O como un pantano en otoño. Leopold escribe: «En medio de la interminable medianía de lo común, un pantano de grullas tiene una patente paleontológica de nobleza, ganada en la marcha de los eones, y revocable solo por la escopeta».[6]

Una de las profundas limitaciones de la objetividad científica convencional es su incapacidad para describir la necesidad de justicia social, de una economía más justa o de un clima sostenible, porque por definición excluye la perspectiva en primera persona de otros seres. La objetividad poética nos ayuda a superar este problema al permitirnos repensar nuestra relación con la Tierra. Nos permite sentir nuestra relación con la Tierra de una manera nueva. Nos permite reconocer adecuadamente la vida humana como una cuestión de vida encarnada dentro de la biosfera, mezclando la materialidad y el significado en un enorme fondo común de átomos, pensamientos y deseos.

Utilizando esta lente, podemos reintegrar el aspecto material, o en tercera persona, de la realidad con el lado sentido, en primera persona, de la ecuación que, de otro modo, queda «oculto en el interior». Esta primera persona se encuentra con el mundo como un «tú». Ambos son igualmente válidos y no pueden existir por separado sin distorsionar nuestra comprensión del contexto completo. El poeta y ecofilósofo estadounidense Gary Snyder expresa muy bien esta relación en un breve pasaje, a modo de *koan*, en uno de sus principales poemas:

Como el suave zumbido otoñal de los grillos
es para nosotros,
así somos nosotros para los árboles
y los árboles lo son
para las rocas y las colinas.[7]

Nacida de un momento de apego que no puede repetirse, cualquier descripción poética cuidadosa de un fenómeno de la vida se convierte en una observación científica. Un bello ejemplo de investigación ecológica en primera persona es el género poético de la escritura sobre la naturaleza de autores como John Muir, Barry López, Gary Snyder, David Abram, Robert MacFarlane y otros.[8] En el ámbito de las bellas artes, el movimiento del eco-arte lleva décadas experimentando con perspectivas científicas en primera persona sobre nuestra vida, produciendo una gran cantidad de ideas muy interesantes que, sin embargo, no pueden traducirse fácilmente en descripciones verbales.[9] Desde el punto de vista de este ensayo, se trata de exploraciones científicas en un mundo vivo compartido. Son prácticas poéticas de percepción, prácticas individuales de transformación que se producen por el apego a los demás y al mundo.

El llamado a la objetividad poética no significa proponer una visión del mundo totalmente individualista o solipsista. Tampoco aboga por una mayor efusión. Más bien, la perspectiva subjetiva de los seres encarnados es un complemento necesario del enfoque objetivo predominante. El cuerpo metabolizador, en su deseo subjetivo, transforma la materia en imagen, no al azar, sino siguiendo los principios de las relaciones vivas.

Esto es lo que el filósofo berlinés Armen Avanessian llama «poética especulativa»: una práctica imaginativa que crea un mundo siempre nuevo tratando de impregnarlo. Avanessian sostiene que nuestra experiencia no se centra en epistemes (conceptos de conocimiento), sino en existemes (categorías de experiencia). Estos existemes proporcionan al mismo tiempo una imaginación sin precedentes y normas vinculantes que son válidas en todo momento. Lo mismo podríamos decir de la historia natural.[10]

Como organismos vivos, tenemos que aprender a experimentar y describir el mundo «desde dentro» (emocional, subjetiva y socialmente) y, al mismo tiempo, tratarlo como una realidad física externa que existe «fuera» de nosotros. Bruno Latour ha explicado ingeniosamente que cualquier procedimiento que intente «purificar» la biosfera insistiendo en sus dimensiones físicas –mientras niega que también es una esfera de significado o «semiosfera»– solo generará tensiones aún mayores, aunque ocultas, que son tanto más devastadores cuanto más profundamente ocultas estén.[11] También en este caso encontramos un paralelismo con la psicología individual: reprimir los antagonismos ocultos conduce a la neurosis. Las contradicciones no se pueden apartar, sino que hay que transformarlas dándoles una expresión viva. Expresar las necesidades contradictorias es, sin embargo, arriesgarse a ser vulnerables. Tenemos que estar dispuestos a correr ese riesgo si queremos estar vivos.

Lo sentiente como instrumento de investigación

La idea de la objetividad poética reconoce que nuestra vulnerabilidad es un instrumento científico. Mucha gente puede objetar que esta idea estira la definición de ciencia hasta un punto de ruptura, porque las nociones de medición, reproductibilidad y falsabilidad se han considerado tradicionalmente como elementos clave del método científico. La idea de la objetividad poética aboga –con valentía y franqueza– por una metodología científica más amplia y fiable que respete la interioridad que conlleva la realidad de la vida.

Una ciencia en primera persona debería intentar corroborar esos hallazgos teóricos con métodos que hagan accesible a otros la existencia sentida y permitan compartir esas experiencias. La ciencia en primera persona considera que la sensación, la expresividad y el significado son componentes de un importante motor de la investigación científica. Los métodos experienciales no son las únicas herramientas, por supuesto, pero junto con la observación empírica y el razonamiento proporcionan los medios para refinar y compartir nuestras experiencias. Pueden llegar a ser objetivos con respecto al cuerpo, que es el terreno común de la experiencia en todos los organismos.

Este tipo de ciencia no es nueva. Muchas culturas de diversas épocas han desarrollado técnicas para proporcionar un relato en primera persona de nosotros mismos dentro del mundo. Por lo tanto, deberíamos poder orientarnos por estas tradiciones, muchas de las cuales siguen utilizándose hoy en día o se están redescubriendo. Los rituales de las culturas indígenas a los que ya me he referido anteriormente, se nutren de esta fuente. Pero el arte occidental también sigue el principio de la comprensión de la realidad a partir de la propia existencia viva en un punto concreto entre la totalidad del todo y la separación del individuo. Henry Miller tenía en mente esta noción de que el arte es un medio para acceder al conocimiento de la vida cuando dijo: «El arte no enseña nada, excepto el significado de la vida».[12] Podemos considerar el arte como un medio de indagación del mundo, que se apoya en el cuerpo sensible y vulnerable como medio de revelación de la percepción: una percepción poética, no causal-objetiva, una percepción que sigue a la comprensión de que «los hombres son hierba».

La propia ciencia indaga en esta práctica de la experiencia en primera persona. El neurobiólogo Francisco Varela trató explícitamente de unir la investigación empírica del cerebro, la meditación budista y la percepción fenomenológica en una ciencia en primera persona.[13] En su trabajo posterior, complementó las técnicas de imagen cerebral con un cuidadoso cuestionamiento de cómo se sentía el sujeto de la investigación y de lo que experimentaba. Varela consideraba la meditación como un método científico para entender el yo en el mundo, y el yo como mundo, que no puede ser simplemente marginado como experiencia personal y subjetiva.[14] Descubrió que los sentimientos de serena vacuidad provocados por la meditación complementan los descubrimientos científicos de que los organismos existen sin un anclaje fijo de identidad, sino como seres vivos implicados en un «entramado de yoes desinteresados».[15]

Otro ejemplo tradicional de un método en primera persona para compartir la percepción encarnada es la metodología de la «rueda medicinal» de los nativos americanos, común entre las Primeras Naciones de América. El ritual de la rueda medicinal crea un espacio cósmico, un escenario entre el mundo más que humano, que es al mismo tiempo un espacio emocional y simbólico. Permite visualizar el propio yo de forma gestual y poética como parte de la naturaleza que se contiene a sí misma, poniéndose en contacto con la presencia de otros seres y permitiendo así la realidad de los propios sentimientos. A través de esta constelación, surgen percepciones que, de otro modo, la actitud de control bloquea fácilmente.

Inspirado en las formas de las Primeras Naciones americanas

que encarnan el papel humano en un cosmos que requiere reciprocidad y la cultura del don, el filósofo y educador de la naturaleza,
el estadounidense Jon Young, ha desarrollado una metodología rica
y moderna para cultivar un estilo de tutoría que recupere la actitud
indígena de formar parte de un cosmos fértil que está completamente
vivo. El objetivo es permitir a los practicantes desarrollar sus sentimientos a través del contacto con otros seres sensibles. Es una forma
de experimentar la propia sensibilidad y vulnerabilidad con lo real.[16]

Romanticismo 2.0

El romanticismo ha sido un bastión perenne para la investigación de
la ciencia poética. Los pensadores románticos han esbozado varios
programas explícitos de objetividad poética: Novalis y Johann Gott-
fried Herder, entre otros, en el mundo de habla alemana; en el «Renacimiento del Norte» británico, Samuel Taylor Coleridge y William
Wordsworth; y, más tarde, en Estados Unidos, Ralph Waldo Emerson
y Henry David Thoreau. A finales del siglo XVIII, en Alemania, los
jóvenes pensadores románticos, entre los que presumiblemente se
encontraba Friedrich Hölderlin y Friedrich Schelling, formularon
un programa de investigación que culminó con la idea de que una
descripción precisa del mundo solo podía darse «en un lenguaje de
poesía, en un lenguaje de amor».[17] Este lenguaje incluye automáticamente a otros seres como referentes para las emociones y la autocomprensión metafórica. La posición de Goethe es especialmente
interesante: se le conoce sobre todo por sus logros como poeta, pero
él consideraba más valiosas sus actividades científicas. Goethe no
rechazó el método científico, sino que intentó complementarlo con

el «delicado empirismo» de un enfoque más poético e implicado. Consideraba la naturaleza como un gran proceso de revelación artística, y también creía que una obra de arte exitosa debía representar en cierta medida las fuerzas creativas de la naturaleza.

La crítica académica literaria Elizabeth Sewel ha demostrado que esta escuela de pensamiento intentó explicar cómo «la voz órfica» de una profunda expresividad poética impregna toda la realidad.[18] El romanticismo nos ha dejado un sinfín de cuestiones que aún no hemos abordado. La relación entre el interior (la experiencia, las emociones, la mente) y la naturaleza (la materia), que era el punto centrífugo del pensamiento romántico, sigue sin resolverse. Esta cuestión se ha convertido, en cambio, en un terreno vedado que la mayoría de las veces ignoramos. En mi opinión, la convicción de que tenemos que dejar de lado las cuestiones que intrigaban a los románticos es responsable de los factores que conducen a los dilemas que plantea la actual crisis mundial.

En cierto sentido, podríamos llamar al enfoque de la vivificación «Romanticismo 2.0». El romanticismo fue la búsqueda de la comprensión del carácter fértil del mundo a través de las apariencias. Se basaba en la afirmación de que los «fenómenos» no debían dejarse de lado como meras ilusiones, sino que transmitían un conocimiento poético a través del cual el mundo se expresaba. El romanticismo es bastante modesto en cuanto a la capacidad humana de comprender el cosmos como algo separado. El interior del mundo es siempre inasible como totalidad. Pero puede ser abordado y abrazado como individualidad. Su interior impregna las incontables permutaciones de la superficie de las cosas, que a su vez se convierten en la piel sensible de una carne vulnerable. Esta carne vibra con su continuo deseo de ser tocada, de tocar y de hacerse sentir. El mundo es sentiente *porque* es materia.

La misión del pensamiento romántico no ha quedado obsoleta por el progreso científico. En todo caso, es más necesaria hoy que hace doscientos años. Las cuestiones que preocupaban a los románticos se han dejado de lado sin tener en cuenta los profundos errores epistemológicos que esta omisión ha introducido. Muchas de nuestras dificultades actuales se derivan del hecho de que rechazamos la noción romántica del mundo como algo inherentemente creativo y vivo (a pesar de que sentimos que estamos vivos en cada momento) y luego procedimos a construir toda una civilización sobre esta base defectuosa.

Deberíamos darnos cuenta de que el Romanticismo no consistía (o al menos no solo) en elevar a la dignidad artística las emociones salvajes, los sentimientos subjetivos, las experiencias truculentas y el sufrimiento personal. Era, ante todo, una forma científica de explorar el mundo como un fenómeno subjetivo. La primera generación de románticos en Alemania e Inglaterra (Coleridge, Hölderlin) estaba motivada por la comprensión de cómo la materia puede ser expresiva de la interioridad. Se propusieron construir una ciencia en primera persona, una ciencia que sigue siendo incompleta.

Hölderlin entendió este empeño como la «necesidad de una nueva mitología».[19] Su idea era que el propio mundo es un espacio poético que crea el deseo de unidad a través de sus diferenciaciones inherentes. La poesía es la manifestación de la capacidad humana de formar parte del mundo y de participar en su fertilidad. Sin embargo, la intuición original del Romanticismo sobre la unidad disyuntiva de un mundo material fue erosionada por una corriente de pensamiento que prestó más atención a los poderes creativos del sujeto-mente. Esta corriente se convirtió en el idealismo de Fichte y de Hegel, que enterró el esfuerzo romántico original bajo una avalancha de producción artística y filosófica obsesionada con el tema, y, en última instancia, produjo la poderosa noción del sujeto solitario, desvinculado de la realidad, construyendo arbitrariamente su mundo. En comparación con el destino del movimiento en Alemania, el «Renacimiento del Norte» romántico británico tuvo un poco más de éxito en la búsqueda original de un lenguaje de significado que se encuentra en la naturaleza. Esta herencia ha permanecido viva hasta hoy a través del Romanticismo y el Trascendentalismo norteamericano, comparativamente tardíos.

Sin embargo, a diferencia de los pensadores del siglo XVIII y XIX, podemos reevaluar la idea romántica original a la luz de los amplios hallazgos recientes de la biología avanzada, la investigación de sistemas, la biosemiótica y la física cuántica. Todas estas ciencias validan ahora la afirmación romántica original de que los principios del mundo vivo pueden verse en las apariencias de los cuerpos vivos y las praderas, los arroyos y los bosques. Al imaginarnos a nosotros mismos y al mundo en fértil reciprocidad, somos capaces de dar vida a los principios de un mundo vivo. No obstante, hay razones para creer que esto no dará lugar a una «nueva mitología», no correrá un nuevo velo sobre el mundo, sino que dará lugar a una nueva iluminación sobre nuestra relación con el mundo.

El artista alemán Joseph Beuys revivió la herencia romántica en la filosofía que guía su obra. Se basó en gran medida en Goethe y en su comprensión integradora de los procesos creativos, lo que le llevó a un entrelazamiento de la vida y el arte que se hace evidente en su creatividad y en su productividad. Beuys pasó su vida tratando de expandir el arte a la esfera general de la actividad cotidiana, esa noción (a menudo trivializada) de que «todo el mundo es un artista». Para Beuys, los procesos vitales solo pueden entenderse y emularse si se perciben como parte del despliegue de la creatividad de un ser vivo en contacto con los demás. Esta actitud recuerda claramente la noción de «objetividad poética» ya desarrollada en estas páginas.

Beuys llamó a su enfoque para cambiar la realidad a través de la imaginación «proceso de calidez» o «trabajo de calidez».[20] Creía que todo gesto resultante de los procesos de la vida es inherentemente creativo y productivo. A la inversa, esto también significa que solo los procesos vivificantes pueden transformar de verdad la sociedad y la propia consciencia.

Precisión poética

«No hay más riqueza que la vida», escribió el artista y filósofo británico del siglo XIX John Ruskin. Pero ¿cuál es el criterio para evaluar la riqueza de la vida? Al igual que el pensamiento ilustrado ha tenido sus llamativos defectos, la ciencia en primera persona que se propone debe abordarse con una sana cautela. Debe realizarse con tenacidad, con lo que Goethe llamaba «un empirismo delicado».[21] Mientras que la ciencia objetiva deja al mundo cada vez más sin vida por su tendencia a diseccionar, analizar y afirmar medias verdades, la ciencia subjetiva podría degenerar fácilmente en un sistema de irracionalidad incontrolada y de manipulación de los crédulos.

La mera sensación de «sentirse vivo» no tiene ningún contenido explicativo. Un poema que suena bien puede estar lleno de clichés. En los procesos de grupo que buscan cultivar mindfulness, los líderes carismáticos pueden dominar y engañar fácilmente a los demás, un fenómeno al que la literatura se refiere como el resultado de un «ego expandido». También existe el peligro de la seducción hacia estados emocionales que pueden parecer muy poéticos, pero que no tienen ninguna base en la realidad, y que no pueden ser verdaderamente compartidos.

Confundimos fácilmente la abrumadora sensación de cercanía y la experiencia de «estar realmente vivos» con la fusión y la proyección psicológica, las cuales siempre conllevan algún tipo de abuso emocional. Por lo tanto, «volver a uno mismo» *per se* no es una base fiable para una ciencia en primera persona. Un asesino en masa puede sentirse vivo cuando comete un crimen; probablemente lo hace, y esa es la razón de su comportamiento: su trastorno de personalidad le hace sentirse muerto y desconectado en todos los demás momentos. El fetiche de sentirse vivo puede, de esta manera, degradarse hasta convertirse en totalitarismo. Esta es la principal razón por la cual la civilización occidental ha desarrollado su método científico; para protegerse de la seducción y la superstición, exigiendo resultados comprobables y reproducibles. Las pruebas empíricas se consideran democráticas.

Pero mientras que el empirismo reclama la ostensible neutralidad de la ciencia, la cual debe prescindir de los sentimientos y las experiencias individuales, la objetividad poética se basa en una escala mucho mayor, en la consideración de las verdaderas necesidades de los demás y de sus cuerpos vulnerables. La clave para evitar el abuso desde la perspectiva en primera persona mediante el contagio emocional o la simple tiranía tóxica es el otro: es el florecimiento del otro el que establece los límites de lo que puedo hacer libremente. No se trata de mí, sino de la fertilidad del conjunto, que me incluye a mí. La vitalidad en su núcleo más íntimo contiene el ruego de que haya vida, no de que yo esté bien. Anteponer el deseo de que haya vida podría provocar incluso mi propia destrucción.[22]

Por ello es necesario negociar las tendencias antagónicas de la realidad vivida, hacerse más vulnerable, dar, no ganar más. Esta idea de la vida como un constante dejar ir es lo contrario del cliché esotérico de un mundo donde la muerte no es real. Si aceptamos la naturaleza como epítome de la libertad en la necesidad, ya no podemos considerarla como un refugio de comportamiento moralmente elevado, bello y saludable. El pensamiento ecológico a menudo intenta sustituir la distopía racional de los tiempos modernos por una versión nostálgica de la redención de la Madre Tierra. En realidad, ambas opciones representan una evasión. Cada una de ellas establece una utopía imposible que es hostil a la vida. Estar realmente vivo es estar incrustado en un desorden que debe ser negociado de manera constante. Esta es la forma específica de la especie *Homo sapiens* de realizar sus contradicciones. Solo así puede surgir la cultura.

Más que nada, necesitamos alimentar una cultura de precisión poética, ser observadores de la vida sentida mientras aceptamos los procesos materiales del mundo. Debemos desarrollar la libertad dentro de este marco de necesidad. Debemos conocer la pasión, pero tomar decisiones con conocimiento de causa. Debemos cultivar una actitud empática, pero reconocer que algunos sufrimientos no pueden evitarse. Debemos reconocer que la muerte es el último poder transformador. Debemos saber que la existencia tiene rasgos paradójicos: que toda luz proyecta una sombra, que cada acto de libertinaje tiene que pagarse, que la conexión –no la fusión– es posible, que tenemos que afrontar la muerte en el plano personal y en el plano de la civilización, y que solo haciendo frente a estas calamidades es posible una verdadera transformación, si la afrontamos con valentía, con plena aceptación, sin querer abolirlas.

Ser es percibir

La directriz más convincente para una cultura de previsión poética es anteponer siempre las necesidades del otro. Se trata de entender al otro –arroyos y bosques, abejas y pájaros, niños y amantes– como la fuente de la propia vitalidad, y al mismo tiempo comprender que el propio ser es una clave para la existencia del otro. Este *ethos* significa aceptar al «tú» como algo insondable, que no puede ser objeto de juicio. La idea de un otro irreductible que permite al individuo prosperar mediante un intercambio continuo es un aspecto clave para una filosofía de los bienes comunes.

Esta perspectiva es posible cuando el observador es capaz de verse a sí mismo y a los demás como sujetos encarnados con sus propias necesidades, y no solo como objetos para la satisfacción de los deseos propios. Abrirse a la vitalidad del otro hace posible la experiencia del «interser encarnado». Nos damos cuenta de que solo a través del espejo del otro podemos tomar consciencia de nosotros mismos. Empíricamente, este principio del «otro primero» es como funciona el mundo de todos modos: en términos ecológicos, todos llegamos a ser únicamente a través de otros que nos alimentan y de los que nos alimentamos, y con los que intercambiamos oxígeno y carbono, agua, energía, refugio y vínculos mutuos. El otro es el compañero indispensable que permite al bebé humano crecer en su humanidad. Solo si el cuidador «ve» de verdad al bebé y sus necesidades, y los acoge profundamente, puede el infante desarrollar una personalidad sana y socialmente ajustada.

La verdadera subjetividad que es consciente de su dependencia de un entramado mutuo de relaciones vivificantes significa ver *a través* del otro. Pone al otro en primer lugar y le da el instrumento de la propia percepción. La visión ampliada del sí-en-reciprocidad se basa en la sabiduría de que existir siempre requiere ser percibido, y percibir es llamar a la existencia. El yo y el otro coexisten de manera mutuamente inclusiva. No es posible estar solo. Un yo inseguro de sí mismo no podrá acoger al otro. No relacionarse con el otro no es una estrategia viable para mantener la vida. La vitalidad del yo solo es posible porque ya existe un «tú» separado que es capaz de dar vida, alimentando siempre la red de interdependencia recíproca.

En esta constelación, ni el ego, ni el otro, como fuente de normas y leyes absolutas que representan un superego, se sitúan en el centro. El vínculo como tal se convierte en el centro de la transformación mutua y la imaginación conjunta. El ser compartido crece en una investigación curiosa y amorosa de lo que puede llegar a ser. Esta visión ampliada significa pensar realmente a través del otro. Se acerca a lo que Aldo Leopold describió como «pensar como una montaña», que también puede significar pensar nosotros mismos a través de la montaña. Leopold sugirió que viéramos con la montaña, que la adoptáramos como un órgano de los sentidos y que experimentáramos el mundo desde el punto de vista de otra individuación de este mismo mundo. «Ver con la montaña» es el grado máximo de altruismo: considero el mundo desde la perspectiva de la totalidad ecosistémica y no desde el punto de vista de mi propio mundo exclusivamente.

No obstante, esto no significa eclipsarse en favor de un «yo superior». Al contrario: ver con la montaña o pensar con ella libera al yo de las restricciones de un único foco de visión. Es, por tanto, otro medio de imaginación poética. Es un tejido en la carne del mundo. Esta forma de reimaginarse a través de la alteridad viva evoca al pintor Paul Cézanne, quien captó a través de la montaña de su vida, la montaña Santa Victoria, que «la naturaleza está en el interior»; imaginó lo otro de esa montaña a través del color y la forma, en una relación en la que él también, el observador, se reinventaba.

7. Cultura: imaginar al otro

En el poema «Como un pájaro innumerable», el autor caribeño y filósofo político francés Édouard Glissant despliega una epistemología poética que «sintoniza con la odisea del mundo [...]. Es posible acercarse a este caos diverso y crecer por las imprevisibles ocasiones que contiene [...] para pulsar con la pulsación del mundo que aún está por descubrir».[1] Glissant sostiene que tenemos que pensar en paradojas creativas que abracen sus propios opuestos. Esto concuerda bastante con la poética ecológica que se propone aquí: solo podemos abrazar las paradojas de la existencia vivida si nos permitimos pensar de forma encarnada, como consciencia en forma física. Pensar de forma encarnada es sentir. El lenguaje de la ciencia en primera persona es poético.

Glissant llama a su filosofía el «pensamiento del temblor». El temblor es el terror, pero al mismo tiempo es nuestra única certeza, porque las grietas que deja tras de sí permiten una conexión con el exterior. Esta actitud se apoya en la objetividad imaginativa que proviene de nuestra vulnerabilidad como órgano de la percepción. El pensamiento del temblor es la *vivificación*-en-acción. El concepto de Glissant presupone la dolorosa conexión entre el pensamiento y el sentimiento, la experiencia y la política, lo local y lo global, que marca toda experiencia de estar en contacto, una experiencia que nunca puede reducirse a sus componentes.

La poética de Glissant es una ilustración del poder de invitar a las contradicciones en nuestra visión del mundo para permitirnos existir e incluso florecer. Celebra la riqueza de una existencia que no se define por las *identidades*, sino por las *relaciones*. Siguiendo a Glissant, no hay que hablar de «mi raza» frente a «los otros», de «cultura» frente a «recursos naturales» o de «sentimiento» frente a «pensamiento»; hay que ser fieles a un destino que une todo esto en una lucha por la identidad. Esta lucha se expresa en una biografía particular que se relaciona con un lugar particular que es un hábitat particular para especies particulares, y que, sin embargo, tiene resonancias universales. No debemos luchar contra estas contradicciones ni aplanarlas. Son el material de la creatividad de la vida y la materia prima de la que se nutre la improvisación.

La cultura como ecología de las contradicciones

La poética de Glissant muestra cómo la historia natural de la «libertad-dependiente-en-incompatiblidad»» puede integrarse en una poética del mundo, y cómo esta poética se presta a una visión política del mundo. En el centro de esta visión se encuentra la certeza de que toda la realidad vivida, ya sea fisiológica, ecológica, emocional, sociológica, política, económica o artística, es paradójica, y precisamente porque es paradójica es vivificante.

Glissant defiende una «poética de la diversidad».[2] Basándose en su origen afrocaribeño, llama a su búsqueda de contradicciones productivas una «creolización del pensamiento». Tenemos que aceptar el carácter absoluto de lo total y de lo individual al mismo tiempo; tenemos que ver que las identidades son existenciales, pero que solo se producen momentáneamente, a través del interser de las relaciones. Podríamos decir que el concepto de creolización del pensamiento de Glissant, que tanto se apoya en la admisión de las contradicciones, es también una ecologización del pensamiento. La ecología, pues, puede entenderse como la descripción de un conjunto relacional compuesto por individuos que se nutren de sus incompatibilidades. Los individuos nada más pueden ser alimentados por el conjunto si permanecen vulnerables, tocables, es decir, comestibles. Por tanto, el «pensamiento del temblor» de Glissant es también el «pensamiento de la vida».

Como expresión de procesos continuos de transformación y autocreación, los sistemas ecológicos –con la humanidad en medio– se deslizan de catástrofe en catástrofe. La mera célula viva es ya una contradicción en sí misma. Su existencia es el resultado de la interacción de dos formas totalmente diferentes de codificación en nuestros cuerpos, la abstracta-genética-binaria y la sentida-somática-analógica. Solo por ser incompatibles y por el hecho de necesitar una traducción continua, estos dos sistemas de códigos pueden generar juntos un significado y, por tanto, una coherencia.[3]

La realidad vivida es autocontradictoria, y toda cultura que consiga animar esta realidad debe ser también contradictoria, aunque sea poéticamente, hasta cierto punto. La percepción participa de esta dimensión de los bienes comunes de la naturaleza al admitir las contradicciones de lo poético. Un patrimonio común de pastoreo en alguna remota tierra alta es una paradoja ecológica y económica, porque solo prohibiendo estrictamente el uso de los pastos en ciertos momentos puede conservarse este recurso y seguir estando disponible en el futuro. Por otro lado, la hierba que crece necesita ser alimentada; el recurso debe ser utilizado si no quiere perecer. Es necesario aniquilarla regularmente; de lo contrario, poco a poco se convertirá en un bosque. Y lo mismo ocurre con la poesía: un poema necesita la «bendita herida» de la incomprensión para permitir la transformación de las palabras escritas en imaginación.[4]

Desde este punto de vista, la ecología interior de la célula y la ecología social de los seres humanos parecen ser meros niveles en una interacción continua de libertad y necesidades. El mundo vivo, sostiene Glissant, es autocontradictorio porque es «un mundo en el que todos los seres humanos y los animales y los paisajes y las culturas y las espiritualidades se iluminan mutuamente. Pero la iluminación no es dilución».[5] La visión del mundo basada en estas contradicciones creativas podría llamarse «biopoética», en contraste con la perspectiva predominante de la «bioeconomía».[6]

La cultura como antiutopía

La postura esencial de un punto de vista biopoético es que debemos cultivar las contradicciones vivas. Esto es importante, si queremos reconocer las paradojas como paradojas y, también, si queremos encontrar en ellas la raíz profunda de un espíritu vivificado. Esto significa que tenemos que aceptar la muerte como parte integral de la vida, incluso como la condición previa decisiva y la imagen más íntima de la vida. La muerte es un requisito para el desarrollo.

Es necesario examinar más de cerca la dialéctica de la muerte. Más arriba he observado que al reducir el mundo vivo a los componente no vivos, el enfoque científico hegemónico ha evolucionado para convertirse en una «ideología de la muerte». Si aceptamos la suposición dominante de que, de hecho, el mundo no está vivo, la experiencia de la realidad vivida no tiene ningún valor real. Paradójicamente, esta actitud se ve reforzada por el intento de controlar el mundo y mejorar sus defectos –es decir, por el intento de trabajar por una vida humana mejor–. Al esforzarse enfáticamente por la vida, la bioeconomía no acepta la muerte como una realidad dentro de la vida y, por lo tanto, se convierte en una práctica de lo no viviente. Crea la muerte, porque no acepta la realidad de la muerte como parte de una vida fértil que desea producir el nacimiento.

Solo podemos valorar la vitalidad si admitimos su íntima conexión con la muerte. Todos los organismos están en constante lucha con las fuerzas de la materia muerta. Desde esta perspectiva, la muerte forma parte de la vida y únicamente a través de ella puede florecer. Si aceptamos el no ser, el fracaso, la limitación temporal y el hecho de que todo proceso llegará a su fin, podremos potenciar la creatividad necesaria para hacer surgir el crecimiento y la novedad.

Los procesos vitales dan lugar a creaciones incompletas, porque la creación no puede ser otra cosa que defectuosa. Buscar la perfección en lugar de la conexión es situarse fuera de la creación. Es un intento de controlar la vida, un intento que de forma inevitable produce la muerte. El poder verdaderamente utópico que conservamos en esta situación no es algo por lo que tengamos que luchar, porque ya está ahí como una opción que se nos ofrece. Es imaginar algo nuevo dentro de las restricciones de lo factual, el «regocijo de lo posible» (de acuerdo con Martin Buber) en la necesidad vivida del momento. Es la transparencia de la vitalidad en la opacidad de la vida, que nunca se cobra como un hecho empírico, sino que siempre está presente.

Visto desde este ángulo, la vida es, como dice la autora y académica Natalie Knapp, «un completo desastre».[7] El pionero de la atención plena, Jon Kabat-Zinn, propone una «vida totalmente catastrófica».[8] Ningún concepto, filosofía o ideología cambiará esta situación, porque la naturaleza precaria y desastrosa de cualquier organización viva resulta de su condición de expresión del deseo subyacente del todo de reconectarse a través de las hendiduras de su propia diferenciación, que son necesarias para que sea posible cualquier conexión. Todo proceso es, en realidad, un intento incompleto de traducción, un puente entre dos ámbitos incompatibles, pero mutuamente traducibles. Y la traducción es poesía.

La muerte co-construye este edificio. Sin ella no hay vida. La implicación desconcertante de esta idea es que debemos incluir sistemáticamente lo incompleto en nuestra búsqueda de la fertilidad. Lo incompleto, en términos de experiencia, es la vulnerabilidad, y el dolor que le sigue es inevitable. La fecundidad, por lo tanto, tiene que hacer frente a la indeterminación y al desastre emocional si quiere convertirse en alegría.

Por todas estas razones, una cultura de la vida es enfáticamente antiutópica. Se abstiene de cualquier ilusión, de las ilusorias «narrativas de éxito» (como dice Hans Jonas)[9] u ofertas de apaciguamiento y satisfacción mental. Pero ser antiutópico no significa ser distópico. No significa renunciar a la búsqueda de una realidad vivificada. Por el contrario, significa que esta búsqueda es, por su propia naturaleza, interminable, no se logra nunca por completo, lo que no quiere decir que ofrezca resultados y recompensas.

Si los seres vivos existen necesariamente en un mundo de paradojas, debemos empezar a ver las dimensiones contradictorias de la vida como complementarias y no tratar de resolverlas. Significa que debemos *utilizar* la naturaleza y al mismo tiempo protegerla a través de la forma en que la utilizamos (la forma en que los grandes herbívoros protegen la sabana pastando en ella, por ejemplo). Significa que consideramos que el intercambio económico está impregnado de vínculos emocionales. Significa aceptar el dolor y la muerte como complementos necesarios de cualquier proceso de crecimiento vivificante y no tratar de negarlos o reprimirlos como suele hacer nuestra cultura hedonista. Vivificar significa aceptar que, para seguir siendo los mismos, podemos necesitar una transformación constante y a menudo dolorosa. Significa, por último, que sentirse vivificado no quiere decir, necesariamente, sentirse bien.

Esto es lo que Vaclav Havel tenía en mente cuando, durante su vida como disidente y escritor de Samizdat en la antigua Checoslovaquia socialista, señaló: «La esperanza no es definitivamente lo mismo que el optimismo. No es la convicción de que algo saldrá bien, sino la certeza de que algo tiene sentido, independientemente de cómo resulte».[10] La búsqueda de la vivificación solo es posible si somos conscientes de que nunca lograremos una victoria completa contra unas condiciones imperfectas, pero mejorables.

Como civilización, deberíamos dejar de perseguir victorias y, en su lugar, deberíamos invertir en la apreciación del frágil momento. Deberíamos comportarnos más bien como hace un perro joven o una abeja que sigue tenazmente los objetivos internos de su existencia. Debemos dedicarnos a la dicha y a la tristeza del ahora imperfecto. Eso significa empezar a aceptarnos y conocernos a nosotros mismos. Significa admitir la propia naturaleza sensible y, a través de esta aceptación, conceder a todos los demás su espacio. Esto es lo que recomienda también Gary Snyder cuando observa: «Los grizzlies, las ballenas, los monos Rhesus o los *Rattus* preferirían infinitamente que los humanos (especialmente los euroamericanos) se conocieran a fondo a sí mismos antes de presumir de hacer investigación ursina o cetácea».[11]

La cultura como compromiso emocional

La creolización del pensamiento a la que se refiere Édourd Glissant requiere una paridad entre la realidad empírica y el sentimiento.[12] Todos los procesos tienen lugar dentro y fuera de un organismo de forma simultánea. Son siempre conceptuales y espirituales, pero también son siempre reales en el espacio y el tiempo. La acción creativa es la experiencia de lo que está vivo, tal como se experimenta desde el interior, subjetivamente. Se podría decir que se basa en la «objetividad afectiva», un fenómeno universal y real, pero también evanescente y resistente a la medición.

La geógrafa india Neera Singh ha demostrado hasta qué punto este poder emotivo anima a los comuneros a actuar y les proporciona recompensas subjetivas por su acción. Demuestra que los aldeanos de la India rural no solo hacen que los recursos sean más productivos mediante su puesta en común con los bosques, sino que también satisfacen necesidades emocionales y «transforman sus subjetividades individuales y colectivas».[13] Participan en una poética activa de la relación, en la que el afecto humano y el mundo material comulgan entre sí y se alteran mutuamente.

Cabe destacar que la «subjetividad colectiva» se extiende más allá de la comunidad humana para incluir las subjetividades del entorno vivo: los árboles, la vegetación de apoyo, los pájaros, los flujos de agua, los elementos «reales» del ecosistema que las subjetividades humanas transforman en la práctica. Se podría decir que los comuneros siguen una razón poética que tiene sustancia emotiva, pero también manifestaciones materiales en los cuerpos de las personas, la vida comunitaria y los ecosistemas locales. El momento poético de su acción se manifiesta cuando el bosque vivo y la comunidad social florecen juntos, en una sinergia enmarañada, algo que puede ser percibido por los sentidos y puede ser experimentado emocionalmente a través de la opulenta biodiversidad del bosque (y sí, también puede ser medido, pero las mediciones no captarán el poder del afecto humano que anima el proceso).

Es revelador que las culturas para las que la participación en los procesos naturales equivale a un compromiso emocional con una realidad poética no distingan entre «animado» e «inanimado» o entre «naturaleza» y «cultura», dualidades que se dan por sentadas en el pensamiento occidental. La experiencia afectiva básica de estar en un intercambio vivo con el mundo, tomando de él y contribuyendo en él, es negada por la visión del mundo y el lenguaje de Occidente: un tipo de encierro perniciosamente subliminal.

Singh llama «trabajo emocional» al compromiso psicológico-emocional que surge del cuidado del bien común. En ausencia de esta dimensión afectiva, tanto el sujeto como el objeto pierden sus identidades emparejadas: lo que trabajan en la tierra, por ejemplo, así como el objeto de ese trabajo, el conjunto animado. Los geógrafos y filósofos empiezan a comprender cada vez más la tierra y las personas como una realidad vivida, un factor de interacciones reales y una representación existencial y poética.

Si se coloniza ese patrimonio común –lo que hoy significaría ser reducido a mero recurso por parte de la agricultura industrial–, las necesidades emocionales (pertenencia, significado, identidad) de las personas implicadas ya no pueden satisfacerse. Esto es justo lo que ha sucedido con nuestras mentes supuestamente modernas: una colonización de las emociones que se denuncian como atrasadas, supersticiosas, no ilustradas o no científicas. Sin embargo, el trabajo emocional de cuidar un bien común es tanto una necesidad ecológica como una realidad material, además de una necesidad psicológica. Por lo tanto, el colapso del afecto (pertenencia, significado, identidad) tiene consecuencias materiales. A medida que las relaciones humanas con un ecosistema se erosionan, también lo hace el respeto por el ecosistema, así como la estabilidad del mismo. Se produce entonces una especie de muerte ecológica que tiene dimensiones tanto espirituales, como relacionadas con la biodiversidad. Ambas dependen y se equilibran mutuamente.

En otras palabras, una cultura sana es una interrelación co-creativa de la naturaleza en toda su incontenible vitalidad. Por ello, la subjetividad, la cooperación, la negociación y la alteridad irreconciliable no deben verse como patrones que nosotros colocamos en el mundo, como la mayoría de los marcos económicos y culturales tienden a plantear como un hecho. En realidad, es al revés: la subjetividad, la creación de significado, la interacción «débil» no causal, el código y la interpretación son características profundas de la naturaleza viva. Su principio más básico se reduce a la paradójica autorrealización del individuo, que solo es posible a través de la interacción con el todo, por lo que el todo, al mismo tiempo, necesita ser cercado como otro. Necesidad, distancia y equilibrio momentáneo en la belleza: la vivencia como tal es un proceso de puesta en común. La percepción se convierte así en un bien común co-creativo que integra a un sujeto preocupado por el cuidado de sí mismo y de su entorno, que se imaginan, nutren y emergen mutuamente. Desde esta perspectiva, nuestros sentimientos más profundos son en sí mismos una característica distintiva de los patrones de vitalidad creativa. Afectan a la percepción subjetiva y nos obligan a participar en un procomún co-creativo con nuestro entorno; los sujetos y el entorno se imaginan, se nutren y engendran mutuamente.

La cultura no es estructuralmente diferente a la naturaleza. No es la «esfera humana» en oposición a algo del todo distinto, un rastro que distingue a la humanidad como inconmensurable con el resto del mundo. La naturaleza tampoco subyace a la cultura humana en ningún sentido reduccionista: las estructuras culturales no pueden explicarse por medios sociobiológicos. El enfoque causal-mecánico, centrado en la eficiencia, es erróneo en su conjunto. La naturaleza está básicamente centrada en el significado, abierta al cambio creativo, que hace surgir agentes con experiencias subjetivas y siempre creativas en la realización del individuo en su conjunto. Genera sentimientos para acompañar cualquier relación de intercambio, que siempre es metabolismo y significado. La naturaleza es un proceso en el que se despliega la libertad aprovechando la creatividad inagotable y la profunda intensidad experiencial y expresiva.

En este sentido, y no a través de algún patrón de reducción superficial, es que la cultura debe ser como la naturaleza. Se trata de una idea en cierto modo paralela a la que sostenía el filósofo Theodor W. Adorno cuando afirmaba que el arte digno de su nombre no copia los objetos de la naturaleza, sino que sigue su proceso profundo de despliegue creativo, libertad y «no identidad».[14]

La cultura se hace eco de los procesos de intercambio ecológico en la forma creativa específica de la especie humana. Expresa nuestra propia interpretación poética del tema, siempre recurrente, de enfrentarse a la paradoja irresoluble de la autonomía y la totalidad. Por ello, la cultura humana no puede controlar ni diseñar la naturaleza como un objeto pasivo e inerte. Dado que los seres humanos estamos implicados en la vitalidad creativa de la naturaleza, nuestra cultura también debe honrar nuestra propia vitalidad como la mejor manera de fomentar nuestra propia libertad y supervivencia a largo plazo:

como dar forma a nuestra paradójica autonomía en relación con las necesidades de un todo mayor que es necesario para toda la vida.

La cultura como la valentía del ser

Conocernos a nosotros mismos es la tarea de una cultura de la vida. Una cultura de la vida se esfuerza por conocer los principios creativos de la vida para imaginarlos de nuevo para nosotros mismos. Para que esto sea posible, necesitamos algo que podríamos llamar «la valentía del ser». Necesitamos enfrentarnos a los límites de la realidad, a las carencias de nuestra propia existencia, a nuestra propia muerte, para hacer lo necesario. Debemos estar decididos a servir a la vitalidad como un mirlo de agua que busca comida en un arroyo de montaña en pleno invierno: porque no podemos ser de otra manera.

La valentía de ser requiere que desaprendamos la cerebralidad. Significa que debemos afrontar el hecho de que estamos vivos y, por tanto, somos mortales y tenemos necesidades que se expresan con insistencia poética. Estas necesidades no pueden ser controladas, solo reprimidas, porque son la verdad de la carne que inconscientemente se quiere a sí misma. Una nueva cultura debe buscar esta verdad y expresarla en voz alta. Para que esto sea posible, imagina nuestra naturalidad en el medio de la humanidad. Imagina al otro a través de nosotros mismos, y a nosotros mismos a través de otro. Desde esta perspectiva, la cultura ya no es lo que nos separa fundamentalmente del otro. Se centra en el otro para permitir que el yo se despliegue. Su objetivo es convertirnos en lo que ya somos: seres en conexión.

Tomar la cultura como algo que nos diferencia a los humanos de otros seres es un error fundamental. Si nos convencemos de la creencia cultural de la particularidad humana, podemos (según el temperamento y las preferencias que tengamos) celebrar o deplorar el hecho de que esta particularidad determine el destino del planeta y lo convierta en un jardín bien cuidado o en el sombrío suburbio de Mad Max (o incluso, según los ingresos y el barrio, en ambos escenarios). La cultura es para muchos que hoy ven con buenos ojos el fin del dualismo y se deleitan en la reconciliación de la humanidad y la creación todavía un asunto específicamente humano.

Pero una cultura que no participa en la composición interna de la vitalidad y sus principios, que son una magnificación de los principios de la realidad, destruirá necesariamente esta vitalidad. Porque es la vitalidad la que difunde la tensión fundamental que la cultura debe mediar. La cultura solo puede decidir llevar a cabo esta mediación de forma más o menos tóxica. En este momento, en este mundo que identifica lo vivo como el problema, y desde esta atribución presume de desarrollar «soluciones» para una «vida mejor», todos estamos muy necesitados de terapia.

Podemos utilizar el Antropoceno como una oportunidad para considerar seriamente el hecho de que los humanos están enredados con otros seres y ciclos bioquímicos. Lograremos remodelar la imagen de nosotros mismos si imaginamos este enredo con el cosmos a través de una poética de la relación encarnada. Solo entonces experimentaremos en nuestros cuerpos el hecho de que los poderes fértiles de la realidad no pueden separarse en las esferas duales de lo humano frente a la naturaleza. Las reglas de la vitalidad nada más pueden ser obedecidas si nos mantenemos íntimamente relacionados. Esto significa aceptar que hoy en día somos los jardineros *de facto* de la Tierra, que revolvemos el paisaje y nivelamos la superficie del planeta. Pero también debemos ver que las fuerzas telúricas, la autoorganización y el deseo cambiante de los sistemas complejos de experimentarse a sí mismos como vivos son elementos de nosotros mismos que no pueden mantenerse bajo control, sino que deben ser encarnados por nuestra propia vitalidad.

La cultura debe imaginar el deseo de los vivos, de tal manera que no destruya la biosfera, sino que la potencie. La cultura no tiene que realizar más que la continuación del principio de que haya vida. Tiene que hacerlo en la esfera imaginativa de lo humano, no en la de las anchoas o las mariposas monarca. Estas criaturas ponen en práctica su vitalidad sin pensar en ello, como remolinos sensuales y melancólicos en una cascada de metamorfosis. Nosotros, sin embargo, debemos tomar una decisión explícita sobre cómo queremos participar en estas transformaciones.

Necesitamos la cultura porque somos los únicos seres que no pueden experimentar la integración ecológica antes de haberla imaginado y estructurado. Mientras que las anchoas y las mariposas monarca se limitan a actuar en su nicho, nosotros debemos inventarlo, comprendiendo lo que se requiere para que podamos representar nuestra individualidad a través de la fertilidad del conjunto. Esta exigencia no debe seguirse a ciegas. La imaginación es necesaria para perseguir lo que es necesario. No nos desvincula de la necesidad, sino que nos permite bailar con ella. El hecho de que nosotros, como humanos, tengamos que inventar nuestro lugar en la ecología no nos eleva por encima de los principios de la vitalidad, sino que estos sean más relevantes en nuestra existencia. La cultura humana debe utilizar la imaginación para reinventar lo que ya existe, como hacen los poetas. Eso es lo que nos convierte en la especie poética. Pero no nos libera de las necesidades que conlleva formar parte del contexto más amplio de fértil reciprocidad. Como somos la especie poética, debemos diseñar nuestra conexión con el otro; debemos concebirla y hacerla efectiva como un proceso cultural. Eso significa ser continuamente activos de manera vivificante. La tarea de la cultura consiste en crear las condiciones de la naturalidad a través de un imaginario único. Sin embargo, la cultura solo puede producir libertad a partir de la comprensión profunda de la necesidad, al igual que lo hace el mirlo de agua en una fría mañana de montaña.

Esta actitud no es determinista; la naturalidad de la que hablo no nos determina, sino que nos implica en un proceso de libertad. El centro de esta realidad es un proceso de despliegue fértil. Este despliegue fértil es el propio proceso de la vida. La experiencia de la vitalidad es la revelación de esta fertilidad, experimentada desde el interior, como su sujeto en la estructura y en el sentimiento. Nuestra cultura no puede ser otra cosa que la interpretación creativa de la naturaleza y de los bienes comunes de la transformación mutua, que es de donde surge y que no puede ser jamás suprimida.

Los individuos y la biosfera abarcan tanto los procesos materiales como las relaciones de sentido. Juntos constituyen la experiencia vivida, que desde dentro es subjetivamente «sentida» y desde fuera se exhibe como aquello que es «sensual» y «expresivo». Este espacio poético no debe confundirse con la yuxtaposición de «espíritu» (interior) y «cuerpo» (exterior). La polaridad del espacio poético muestra a ambos como material conjugado, metamórfico y siempre significativo. Esta idea rompe con cualquier noción de primacía de la materia o de las relaciones simbólicas, por lo que es radicalmente no dualista.

No hay exterior para el espacio poético, porque el espacio poético abarca tanto la materia orgánica como la inorgánica. La cultura tiene que dar forma a este espacio poético. Al mismo tiempo, el material imaginario de este espacio poético puede ser objeto de transformación desde ambos «lados»: mediante la manipulación material, pero también mediante la creación imaginativa. El espacio poético está abierto a nuevas interpretaciones, a nuevas expresiones de autoexpresión, y puede transformarse de tal manera que el cambio real en el mundo tendrá lugar. De estas ideas se desprende que la cultura como proceso de imaginación y transformación de la realidad tiene su mayor potencial de vida si es un proceso poético y artístico.

Podemos escapar rápidamente del hábito de pensar en términos de la cultura frente a la naturaleza si aceptamos que todo está en continuo intercambio, como el cuerpo que, cada pocos años, intercambia todos sus átomos con el entorno a través del proceso de metabolismo. Gracias a estos cambios, la cantidad de experiencias diferentes –la profundidad sentida– aumenta con el tiempo. La vida consiste en producir más y más experiencias. Es ella misma vivificante. El hecho es que tenemos un instinto innato para buscar nuevas experiencias que revelen cómo es estar dentro de la vida. Seguimos un impulso para hacer lo mismo que hace el mundo: profundizar nuestras experiencias, extender nuestro conocimiento de nosotros mismos y de los otros, desplegar nuevas capacidades, fortalecer los vínculos, etc. Se podría decir que este proceso consiste en aprender a respetar y aprender a amar.

La cultura es la interpretación de nuestra vitalidad a través de los seres humanos. Implica la imaginación creativa de lo que es real. La subjetividad, la cooperación, la negociación y la extrañeza incompatible no son patrones que nosotros ponemos en el mundo. Estos patrones son en sí mismos la naturaleza. Autentifican la percepción como un bien común cocreado de sujetos y entornos autocreados en el que ambos se trasforman mutuamente.

En este sentido, la cultura –lo intermedio, lo vicario, el intercambio creativo– es nuestra naturaleza. Esta naturaleza no se opone a la naturaleza «de ahí fuera», sino que es una de sus apariencias.

Por tanto, la cultura no puede controlar e ingeniar a la naturaleza. No puede liberarse de los principios de imaginación fértil sin destruirla. Pero sí puede convertirse en una cultura de la vitalidad, que en libertad creativa engendra conjuntamente lo necesario para la transformación mutua en curso. La humanidad es la forma en que la Tierra se imagina a sí misma cuando se le permite soñar lo ilimitado. Cuando los seres humanos sueñan lo ilimitado, se les exige que lo imaginen como la Tierra. Eso es una cultura de verdadera reciprocidad.

La cultura como espacio en el que encontrarnos a nosotros mismos en los otros

La paradoja de la cultura es la siguiente: para llegar a ser plenamente humanos necesitamos la relación con lo que es rotundamente no humano: necesitamos el interser con seres vivos que son ajenos a nosotros. Tenemos que convertirnos en animales para ser humanos. El hecho consolador es que ya somos animales. Solo tenemos que permitirnos creerlo.

En la república de las innumerables especies y procesos relacionales existenciales, todas las contradicciones pueden incrustarse sin ser aplastadas. Esta es una de las experiencias fundamentales en presencia de otros seres. A través de las profundas emociones que los entornos naturales son capaces de provocar en sus participantes humanos, pueden existir complementariedades en equilibrio: que la vida es un regalo y una carga; que la necesidad debe ser obedecida para liberarte; que la muerte es dolorosa, pero un requisito para el nacimiento. Todo esto no está escrito en ninguna parte, sino que se representa continuamente a través de la sabiduría inconsciente de la puesta en común entre una miríada de cuerpos, plantas y organismos que sienten.

Las plantas y los animales no son solo modelos abstractos de relaciones. Son relaciones en su propia puesta en práctica. Al mismo tiempo, los seres vivos son la mediación encarnada de las paradojas que subyacen a la vida. Están cerrados en sí mismos, como cualquier ser vivo, pero también son abiertos y vulnerables. En el centro de su ser hay algo que es accesible y a la vez absolutamente insondable. No es ajeno, pero no tiene límites. Son lo que Goethe denominó *Urphänomen* («fenómeno primordial»). Es algo inescrutable, pero también su propia explicación, aunque solo como fenómeno, no como una explicación o un algoritmo.

La naturaleza y su principio de las contradicciones que dan lugar a experiencias significativas también están «dentro» de nosotros mismos. No es demasiado descabellado afirmar que, para experimentar una identidad fértil, dependemos de la presencia de bosques, ríos, océanos, praderas, desiertos y animales salvajes. En cierto sentido, solo el otro –otra presencia viva– puede dar vida al yo. Recogemos del mundo natural el alimento para nuestros pensamientos y conceptos mentales. Transformamos las plantas y los animales en símbolos intelectuales según sus cualidades reales o supuestas. La serpiente, la rosa y el árbol son ejemplos de poderosas imágenes orgánicas que hablan de nuestra identidad humana, y por eso se repiten con tanta frecuencia a lo largo de la historia de la humanidad en nuestro arte, mitos y otras formas culturales.

Este proceso también funciona a la inversa. La naturaleza encarna asimismo lo que somos. Es la contrapartida viva –y vivificante– de nuestras emociones y nuestros conceptos mentales. Solo al ser percibidos y reflejados por otras vidas, podemos entender la nuestra. Solo a los ojos de otro ser, podemos convertirnos en un ser vivo. Necesitamos la mirada de lo más desconocido para llegar a comprender lo que forma parte de nosotros, pero está fuera de nuestro alcance. Necesitamos ser tocados por la materia para comprender que somos materia. Esta forma recíproca de construir nuestra identidad es una de las constantes culturales más destacadas, desde el uso de símbolos animales de los pueblos indígenas, como los aborígenes australianos (por ejemplo, en el arte rupestre), hasta la aplicación constante de metáforas de la naturaleza en la poesía contemporánea.

Obviamente, una practica de este tipo puede liberar esas capas de sentimientos en nosotros mismos que, de otro modo, permanecen encerradas. Necesitamos la experiencia de comprometernos con un «interior vivo» que se presenta ante nosotros mostrándose como un cuerpo frágil y mortal. Necesitamos otros organismos porque son, en un sentido muy real, lo que somos nosotros mismos (biológica y psíquicamente), y nos dan acceso a esas partes ocultas de nuestro ser que no podemos ver. No podemos observarnos a nosotros mismos. Siempre hay un punto ciego central en el establecimiento de nuestra propia identidad. Los otros seres constituyen este punto ciego de nuestra autocomprensión. Debemos tener la oportunidad de captar el mundo entero en el otro, y el otro en nosotros mismos. Necesitamos encontrarnos con nuestros propios ojos en su mirada, mientras deseamos ser nosotros mismos, como todos los seres, siendo plenamente de este mundo compartido.

En la presencia de la naturaleza salvaje, ya sea taxonómicamente cercana a nosotros, como un mono, o en apariencia infinitamente distante, como un renacuajo, nos encontramos con una naturaleza sin palabras, pero elocuente en tanto creación. La mirada animal sobre nosotros se teje a partir del enredo de lo más íntimamente conocido con lo más ajeno. Es la mirada más vivificante que se puede imaginar. La distinción de muchas de nuestras categorías experienciales solo es posible porque en la naturaleza salvaje, en la *natura naturans,* existe esta forma de subjetividad encarnada y, por tanto, objetivada, que comparte la nuestra.

¿Podría ser que esta subjetividad encarnada nos haya hecho nacer y siga habitando en nosotros, guiando nuestras respuestas sobre cómo afrontar nuestra propia existencia encarnada? Aquí parece haber un camino por el que se puede sanar el dualismo. La profunda hendidura que se ha abierto en nosotros y los demás seres, entre el mundo tal como lo experimentamos y el mundo tal como lo describimos, se cierra y se reintegra. Por primera vez en mucho tiempo, en este espacio, somos bienvenidos. La profunda hendidura se cierra, no para invitarnos a un sueño utópico, sino para permitirnos experimentar un momento de consciencia.

Platón había sugerido que, para cada término, por abstracto que sea, hay un *eidos*, un arquetipo en el imperio de las ideas. Sin duda, Platón se equivocó en este punto. El imperio de las ideas no se encuentra más allá, en un mundo ideal, sino que está anclado aquí, en los cuerpos de las plantas y de los animales, en el zumbido de las abejas y en la forma descrita por el cuervo circundante.

Notas

Introducción

1. Gary Snyder, citado en Tom Butler, «Lives not Our Own», en *Keeping the Wild: Against the Domestication of the Earth,* editado por George Wuerthner, Eileen Crist, y Tom Butler. Washington, DC: Island Press, 2014, viii.

2. Andreas Weber, «Reality as Commons», en *Patterns of Commoning,* editado por David Bollier y Silke Helfrich. Amherst, Massachusetts: Levellers Press, 2015.

3. Para una introducción, véase David Bollier, *Think Like a Commoner: A Short Introduction to the Life of the Commons.* Gladiola Island, BC: New Society, 2014; David Bollier y Silke Helfrich, *Free, Fair and Alive.* Gabriola Island, BC: New Society Press, 2019.

4. Stephan Harding, *Animate Earth: Science, Intuition and Gaia,* 2.ª edición. Dartington, UK: Green Books, 2009; Bruno Latour, *Facing Gaia: Eight Lectures on the New Climatic Regime.* Nueva York: Wiley, 2017.

5. Simone Weil, *La Pesanteur et la grâce.* París: Plon, 1988.

6. Para un argumento extendido, véase Andreas Weber, *Matter and Desire: An Erotic Ecology.* White River Junction: Chelsea, 2017.

7. Véase, por ejemplo, Timothy Morton, *Humankind: solidarity with Nonhuman People.* Nueva York: Verso, 2017.

8. Véase Édouard Glissant, *Philosophie de la relation: Poésie en étendue.* París: Gallimard.

9. Mi más sincero agradecimiento a Heike Löschmann, de la Fundación Heinrich-Böll de Berlín, quien, con su habitual maestría al abordar las cosas más serias, acuñó este término en una charla informal en presencia del autor el 15 de noviembre de 2012.

10. Amir Engel, *Gershom Scholem. An Intellectual Biography.* Chicago: University of Chicago Press, 2017, 75ff.

1. La ideología de la muerte

1. Elizabeth Kolbert, *The Sixth Extinction: An Unnatural History.* Nueva York: Macmillan, 2015).

2. Gro Harlem Burndlandt, *Our Common Future: Report of the World Commission on Environment and Development.* Naciones Unidas, 1987.

3. Nancy MacLean, *Democracy in Chains: The Deep History of the Radical Right's Sealth Plan for America.* Nueva York: Penguin Random House, 2017.

4. Richard Layard, *Happiness: Lessons from a New Science*. Londres: Penguin, 2005, pág. 29. Véase, también, Robert E. Lane, *The Loss of Happiness in Market Democracies*. New Haven, CT: Yale University Press, pág. 20.

5. Deborah Wan, «Foreword», in *Depression: A Global Crisis*. World Federation for Mental Health, 2012, pág. 2.

6. La navaja de Ockham es un principio científico de parsimonia que afirma que, entre las explicaciones que compiten entre sí, la más sencilla y con menos suposiciones es la correcta.

7. Véase Max Horkheimer y Theodor W. Adorno, *Dialectic of Enlightenment*. Nueva York: Continuum, 1969.

8. Francesca Ferrando, «Posthumanism, Transhumanismo, Antihumanism, Metahumanism, and New Materialism: Differences and Relations», *Existence* 8, n.º 2. (2013), págs. 26-32.

9. Theodor W. Adorno, *Negative Dialectics*. Londres: A&C Black, 1973, pág. 406.

10. Este término fue acuñado por David Abram, *The Spell of the Sensuous: Perception and Language in a More Than Human World*. Nueva York: Pantheon, 1996.

11. Para una exploración en profundidad desde un punto de vista biopoético, véase Andreas Weber «Cognition as Expression: On the Auto-poietic Foundations of an Aesthetic Theory of Nature», *Sign System Studies* 29, n.º 1. (2001), págs. 153-168; Weber, «The Book of Desire: Towards a Biological Poetics», *Biosemiotics* 4, n°. 2. (2010), págs. 32-58; Weber, «There Is No Outside: A Biological Corollary for Poetic Space», en *Gatherings in Biosemiotics: Tartu Semiotics Library* 11, editado por Silver Rattasepp and Tyler Bennett. Tartu: University of Tartu Press, 2012, págs. 225-226; Weber, *The Biology of Wonder: Aliveness, Meaning and the Metamorphosis of Science*. Gabriola Island, BC: New Society, 2016; Weber, *Matter and Desire: An Erotic Ecology*. White River Junction: Chelsea Green, 2017.

12. Storm Cunningham, *reWealth! Take Your Claim in the $2 Trillion re Development Trend That's Renewing the World*. Washington: McGraw Hill, 2008.

13. Herman E. Daly y Joshua Farley, *Ecological Economics: Principles and Applications*. Washington, DC: Island Press, 2004.

14. Ralf Fücks, *Intelligent wachsen: Die grüne Revolution*. Múnich: Hanser, 2013; Thomas L. Friedman, *Hot, Flat and Crowded: Why the World Needs a Green Revolution and How We Can Renew Our Global Future*. Nueva York: Farrar, Strauss and Giroux, 2008. Véase, también, Andreas Weber, *Biokapital: Die Versöhnung von Ökonomie, Natur und Menschlichkeit*. Berlín: Berlin-Verlag, 2008.

15. Lynn Margulis, *Symbiotic Planet: A New Look at Evolution*. Nueva York: Basic Books, 1999; Francisco J. Varela, Evan T. Thompson, Eleanor Rosch, *The Embodied Mind: Cognitive Science and Human Experience*. Cambridge, Massachusetts: MIT Press, 1993; Terrence Deacon, *Incomplete Nature: How Mind Emerged from Matter*. Boston: Norton, 2012; Stuart Kauffman, *At Home in the Universe: The Search for*

the Laws of Self-Organization and Complexity. Washington, DC: American Chemical Society, 1996; Antonio Damasio, *The Feeling of What Happens: Body and Emotion in the Making of Consciousness.* Nueva York: Harcourt Brace, 2000; David Abram, *The Spell of the Sensuous: Perception and Language in a More-Than-Human-World.* Nueva York: Pantheon, 1997.

16. Para un análisis más extenso del actual «salto cuántico» en biología, véase Andreas Weber, *Biopoetics: Towards an Existential Ecology.* Drdrecht: Springer, 2016, especialmente, el capítulo 12, «Conatus».

17. Edward Wilson, *The Social Conquest of Earth.* Nueva York: Norton, 2013.

18. Para un análisis profundo del don como proveedor de fertilidad cósmica, véase Lewis Hyde, *The Gift: Imagination and the Rotic Life of Property.* Nueva York: Random House, 1983.

19. Hildegard Kurt, *Wachsen! Über das Geistige in der Nach-Haltigkeit.* Stuttgard: Johannes M. Mayer, 2010; Shelley Sacks y Hildegard Kurt, *Die rote Blume: Ästhetische Praxis in Zeiten des Wandels,* con prólogo de Wolfgang Sachs. Klein Jasedow: thinkOya, 2013.

20. Maurice Merleau-Ponty, *Le visible et l'invisible.* París: Gallimard, 1964.

21. Véase http://en.wikipedia.org/wiki/Fundamental_human_needs; Manfred A. Max-Neef, *Human Scale Development: Conception, Application and Further Reflections.* Nueva York: Apex Press, 1991.

2. Bioeconomía: la megaciencia oculta

1. Hans Blumenberg, *Paradigms for a Metaphorology.* Ithaca, Nueva York: Cornell University Press, 2016; original alemán, publicación 1960.

2. Andreas Weber, «Natural Anticapitalism», en *The Wealth of the Commons: A World beyond Market and State,* ed. David Bollier y Silke Helfrich. Amherst, Massachusetts: Levellers Press, 2012, http://wealthofthecommons.org/.

3. Véase Barrington Moore, Jr., *Social Origins of Dictatorship and Democracy: Lord and Peasant in the Making of the Modern World.* Boston: Beacon Press, 1966.

4. Léon Walras, *Elements of Pure Economics.* Londres: Routledge, 1954; W. Stanley Jevons, *The Theory of Political Economy.* Londres: MacMillan, 1871. Para la discusión, véase Andreas Weber, *Biokapital: Die Versöhnung von Ökonomie, Natur und Menschlichkeit.* Berlín: Berlin-Verlag, 2008.

5. Para una discusión sobre nuestra habilidad limitada para identificar relaciones en un sistema dado, véase Donella Meadows, *Thinking in Systems: A Primer,* ed. Diana Wright, Sustainability Institute. White River Junction: Chelsea Green, 2008.

6. Karl Polanyi, *The Great Transformation: Political and Economic Origins of Our Time.* Boston: Beacon Press, 1944; Karl Polanyi, *The Livelihood of Man: Studies in Social Discontinuity,* ed. Harry Pearson. Nueva York: Academic Press, 1977.

7.   Paul Shepard, *Coming Home to the Pleistocene*. Washington, DC: Island Press, 1998.

8.   John Maynard Keynes, «The Future», en *Essays in Persuasion*. Londres: W.W. Norton, 1991.

9.   Partes de esta sección fueron previamente publicadas en Weber, «Reality as Commons», en *Patterns of Commoning*, ed. David Bollier y Silke Hefrich. Amhrst, Massachusetts: Levellers Press, 2015.

10.   David Johns, «Eith Friend Like This, Wilderness and Biodiversity Do Not Need Enemies», en *Keeping the Wild: Against the Domestication of the Earth*, ed. George Wuerthner, Eileen Crist, Tom Butler. Washington, DC: Island Press, 2014, pág. 42.

11.   Manfred Max-Neef, «Development and Human Needs» en *Real-Life Economics*, editado por Paul Ekins y Manfred Max-Neef. Londres: Routledge, 1992.

12.   David W. Kidner, «The Conceptual Assassination of the Wilderness», en *Keeping the Wild*, pág. 10.

13.   Bruno Latour, «Love Your Monsters: Why We Must Care for Our Technologies as We Do Our Children», en *Love Your Monsters: Postenvironmentalism and the Anthropocene*, ed. Michael Schellenberg and Ted Nordhaus. Oakland: The Breakthrough Institute, 2011.

14.   Véase David Bollier, *Think Like a Commoner: A Short Introduction to the Life of the Commons*. Gadiola Island, BC: New Society, 2014.

15.   Stuart Kauffman, *At Home in the Universe. The Search for Laws of Self-Organization and Complexity*. Oxford: Oxford University Press, 1995.

16.   Para una brillante demostración de esto en relación con el ejemplo de la fauna de Madagascar, véase Miguel Vences et al., «Madagascar as a Model Region of Species Diversification», *Trends in Ecology and Evolution*, 24, n.° 8 (2009), págs. 456-465.

3. Biopoética: el deseo del ser

1.   Para una elaboración en forma de libro de la posición presentada en este capítulo, véase Andreas Weber, *Biopoetics: Toward an Existential Ecology*. Dordrecht: Springer, 2016.

2.   Richard Strohmann, «The Coming Kuhnian Revolution in Biology», Nature Biotechnology 15 (1997), págs. 194-199.

3.   Eva Jablonka y Marion Lamb, *Evolution in Four Dimensions: Genetic, Epigenetic, Behaioral, and Symbolic Variation in the History of Life*. Cambridge, Massachusetts: MIT Press, 2005.

4.   Joachim Bauer, *Das Kooperative Gen*. Hamburgo: Hoffmann und Campe, 2008.

5.   Don Powell, «Treat a Female Rat like a Male and Its Brain Changes», *New Scientist* 2690 (2009), pág. 8.

6.   Ruth E. Ley, Catherine A. Lozupone, Micah Hamady, Rob Knight, Jeffrey I. Gordon,

«Worlds within Worlds: Evolution of the Vertebrate Gut Microbiota», *Nature Reviews* 6 (2008), págs. 776-788.

7. Humberto R. Maturana y Francisco J. Varela, *Autopoiesis and Cognition: The Realization of the Living*. Boston: D. Reidel, 1980.

8. Mark W. Kirschner y John C. Gerhat, *The Plausbility of Life: Resolving Darwin's Dilemma*. New Haven, Connecticut: Yale University Press, 2005.

9. Para una visión detallada, véase Andreas Weber y Francisco Varela, «Life after Kant: Natural Purposes and the Autopioetic Foundations of Biological Individuality», *Phenomenology and the Cognitive Sciences* 1 (2002), págs. 97-125; Andreas Weber, «The Book of Desire: Towards a Biological Poetics», Biosemiotics 4, n.º 2. 2020, págs. 32-58.

10. Francisco J. Varela, «Patterns of Life: Intertwining Identity and Cognition», *Brain and Cognition* 34, (1997), págs. 72-87.

11. Sobre el argumento de incompatibilidad, véase Kalevi Kull, «Introduction», en *Gatherings in Biosemiotics: Tartu Semiotics Library 11*, editado por Silver Rattasepp y Tyler Bennett. Tartu: University of Tartu Press, 2012.

12. Francisco J. Varela, «Organism: A Meshwork of selfless Selves», en *Organism and the Origins of Self*, editado por I. Tabuer. Dordrecht: Kluwer, 1991.

13. Weber, *The Biology of Wonder: Aliveness, Meaning and the Metamorphosis of Science*. Gabriela Island, BC: New Society, 2016.

14. Gregroy Bateson y Mary Catherine Bateson, *Angels Fear: Towards An Episteomology of the Sacred*. Nueva York: Hampton Press, 2004.

15. Bateson y Bateson, *Angels Fear*.

4. Anticapitalismo natural: el intercambio como reciprocidad

1. Véase Elinor Ostrom, *Future of the Commons: Beyond Market Failure and Government Regulations*. Londres: Institute of Economic Affairs, 2012; David Bollier y Silke Helfrich, editores, *The Wealth of the Commons: A World beyond Market and State*. Amherst, Massachusetts: Levellers Press, 2012, http://wealthofthecommons.org/

2. Para el término «economía de la edad de piedra», véase Marshall D. Sahlins, *Stone Age Economics*. Nueva York: De Gruyter, 1972. Sahlins calculó que la jornada diaria de un individuo en las sociedades de la Edad de Piedra no superaba las seis horas, con las que se podía obtener comida y refugio de forma suficiente. Por ello, el antropólogo llamó a este modelo de civilización la «sociedad afluente original». Véase también Andreas Weber, *Indigenialität*. Berlín: Nicolai, 2018.

3. Para un documento detallado, véase Philippe Descola, *Par-delà nature et culture*. París: Gallimard, 2005.

4. Timothy Garton Ash, «It always Lies Below: A Hurricane Produces Anarchy. Decivilization Is Not as Far Away as We Like to Think», *Guardian*, septiembre de 2005, pág. 8.

5. Rebecca Solnit, *A Paradise Built in Hell: The Extraordinary Communities That Arise in Disaster*. Londres: Penguin, 2010.

6. John Rawls, *A Theory of Justice*. Cambridge: Massachusetts: Harvard University Press, 1971.

7. John Muir, *My First Summer in the Sierra*. Boston: Houghton Mifflin Harcourt, 2011.

8. Francisco J. Varela, Evan Thompson, Eleanor Rosch, *The Embodied Mind: Cognitive Science and Human Experience*. Cambridge, Massachusetts: MIT Press, 1991.

9. Humberto R. Maturana y Francisco J. Varela, *Autopoiesis and Cognition: The Realization of the Living*. Boston: D. Reidel, 1980.

10. Francisco J. Varela, «Patterns of Life: Intertwining Identity and Cognition», *Brain and Cognition* 34 (1997), págs. 72-87.

11. Terrence Deacon, *The Symbolic Species: The Co-Evolution of Language and the Brain*. Nueva York: W.W. Norton, 1997.

12. Miguel Benasayag y Gérard Schmit, *L'epica delle passioni triste*. Milán: Feltrinelli, 2007.

13. Gerard Manley Hopkins, «Pied Beauty», en *The Classic Hundred Poems*, ed. William Harmno. Nueva York: Columbia University Press, 1998.

5. Puesta en común: invitar al otro

1. Jonathan Rowe, *Our Common Walth: The Hidden Economy That Makes Everything Else Work*. San Francisco: Berrett-Koehler, 2013.

2. Ruth Meinzen-Dich et al., *Securing the Commons 1*. CAPRi Policy Brief n.º 4, Mayo 2006), http:/www.capri.cgiar.org/pdif/polbrief_04.pdf.

3. David Bollier, *Think Like a Commoner: A Short Introduction to the Life of the Commons*. Gladiola Island, BC: New Society, 2014, pág. 174.

4. Además, las industrias de «uso justo» que dependen de la copia y el intercambio deobras protegidas por derechos de autor –instituciones educativas, fabricantes de dispositivos de consumo que permiten la copia, proveedores de servicios de búsqueda y de internet, y otros– representan una sexta parte del producto interior bruto de Estados Unidos. Michael Bauwens et al. *Synthetic Overview of the Collaborative Economy*, P2P Foundation. 2012.

5. Arun Agarwal, «Common Resources and Institutional Sustainability», en *The Drama of the Commons*. National Research Council, Committee on the Human Dimensions of Global Change, 2002, pág. 42.

6. Michael Safi, «Suicides of Nearly 60.000 Indian Farmers Linked to Climate Change, Study Claims», *Guardian*, 31 de julio de 2017.

7. Gustavo Soto Santiesteban y SilkeHelfrich, «El *buen vivir* and the Commons», en *The Wealth of the Commons: A World beyond Market and State*, ed. David

Bollier y Silke Helfrich. Aherst, Massachusetts: Levellers Press, 2012), 278, http://wealthofthecommons.org/.

8. Andreas Weber y Reiner Klingholz, *Demografischer Wandel: Ein Politikvorschlag unter besonderer Berücksichtigung der Neuen Länder*. Berlín: Berlin-Institut für Demografie und Entwicklung, 2009.

9. Véase, por ejemplo, Joseph E. Stiglitz, «Markets, Market Failures, and Development», en *American Economic Review* 79, n.º 2 (1989), págs. 197-203.

10. Donella Meadows, *Thinking in Systems: A Primer*, ed. Diana Wright, Sustainability Institute. White River Junction: Chelsea Green, 2008.

11. Wendell Berry, *Life is a Miracle: An Essay against Modern Superstition*. Boston: Counterpoint, 2000.

12. Charles Schweik, un destacado científico social estadounidense e investigador de los bienes comunes que ha estudiado por qué algunos proyectos de *software* de código abierto tienen éxito y otros fracasan, concluye que el compromiso multidimensional es el mejor predictor del éxito de los proyectos, una idea que denomina «teoría de los incentivos compuestos». Charles Schweik, *Internet Success: A Study of Open-Source Software Commons*. Cambridge, Massachusetts: MIT Press, 2012.

13. Manfred Max-Neef, «Development and Human Needs», en *Real Life Economics*, editado por Paul Ekins y Manfred Max-Neef. Londres: Routledge, 1992, págs. 206-207.

14. De la matriz de necesidades humanas de Max-Neef, véase Philip B. Smith y Manfred Max-Neef, *Economics Unmasked: From Power and Greed to Compassion and the Common Good*. Totnes: Green Books, 2012, pág. 143.

15. Para una importante sinopsis en alemán, veáse Christa Müller, ed., *Urban Gardening: Über die Rürckkehr der Gärten in die Stadt*. Múnich: Oekom, 2011.

16. Gregory Bateson y Mary Catherine Bateson, *Angels Fear: Towards An Epistemology of the Sacred*. Nueva York: Hampton Press, 2004.

17. David Bollier, «The Commons», http://www.publicsphereproject.org/node/201.

18. Véase Christopher Alexander, *The Nature of Order: An Essay on the Art of Building and the Nature of the Universe, Book 1-The Phenomenon of Life*. Oxford: Routledge, 2004. Véase también Helmut Leitner, *Pattern Theory: Introduction and Perspectives on the Track of Christopher Alexander*. CreateSepace Independent Publishing Plataform, 2015; Shierry Weber Nicholsen. (2004), «Ar-aking as a Process of Creating Aliveness: A Review of Christopher Alexander's *The Nature of Order: An Essay on the art of Building and the Nature of the Universe*», http://home.earthlink.net/~snicholsen/sitebuildercontent/si tebuilderfiles/creating-aliveness-on-christopher-alexander.doc. Para el argumento de la estética existencial y significativa, véase también Andreas Weber, «Cognition as Expression: On the Autopoietic Foundations of an Aesthetic Theory of Nature», *Sign System Studies* 29, n.º 1. (2001), págs. 153-168.

19. Citado por Franz Nahrada, «The Commoning of Patterns and the Patterns of Commoning», en *The Wealth of Commons*.

20. Para un desarrollo detallado de los principios aplicados de cómo podría diseñarse esta forma de hogar de los bienes comunes, véase Burns H. Weston y David Bollier, *Green Governance: Ecological Survival, Human Rights, and the Law of Commons*. Cambridge: Cambridge University Press, 2013. Para más información sobre los principios de la tenencia de la biosfera, véase también Weber, *Biokapital Die Versöhnung von Ökonomie, Natur und Menschlichkeit*. Berlín: Berlin-Velag, 2008), capítulos 5-7.

21. Véase, por ejemplo, Bollier y Helfrich, *The Wealth of Commons*.

22. Para una extensa discusión sobre el significado del juego, véase Andreas Weber, *Mehr Matsch: Kinder brauchen Natur*. Berlín: Ullstein-Verlag, 2011. Para una profunda introducción sobre el «juego original» como comprensión profunda de la realidad, véase también O. Fred Donaldson, *Playing by Heart: The Vision and Practice of Belonging*. Deerfield Beach, Forida: Health Communications, 1993.

23. Citado por Nahrada, «The Commoning of Patterns».

6. Objetividad poética: comprender cómo estar plenamente vivo

1. Marshall B. Rosenberg, *Nonviolent Communication: A Language of Life: Create Your Life, Your Relationships, and Your World in Harmony wity Your Values*. Encinitas, California: Puddle Dancer Press, 2013.

2. Andreas Weber, *Sein und Teilen. Eine Praxis schöpferischer Existenz*. Bielefeld: transcript, 2017.

3. Véase la crítica de J.M Coetzee sobre ensayo de Thomas Nagel, «What Is It Like to Be a Bat?»: «Ser un murciélago vivo es estar lleno de ser. Ser-murciélago en el primer caso, ser humano en el segundo, tal vez; pero esas son consideraciones secundarias. Estar lleno de ser es vivir como un cuerpo-alma. Un nombre para la experiencia de la plenitud del ser es alegría». J.M. Coetzee, *The Lives of Animals*. Princeton, New Hampshire: Princeton University Press, 1999, pág. 33.

4. I.G. Campbell-Fisher, «Aesthetics and the Logic of Sense», *Journal of General Psychology* 43. (1950), págs. 245-273.

5. Aldo Leopold, *A Sand County Almanac*. Madison: University of Wisconsin Press, 1944.

6. Leopold, «Marshland Elegy», en *A Sand County Almanac*, págs. 129.

7. Gary Snyder, *No Nature: New and Selected Poems*. Nueva York: Pantheon, 1992.

8. Algunos intentos interesantes de generalizar una ecología en primera persona de forma más sistemática son los trabajos del físico y filósofo francés Michel Bitbol. Michel Bitbol, «Panpsychism in the First Person», en *Analytic and Continental*

Philosophy: Methods and Perspectives: Proceedings of the 37th International Wittgenstein Symposium, ed Harald A. Wiltsche y Sonja Rinofner-Kreidl. Berlín: De Gruyter, 2016), 79-94.

9. Sacha Kagan, *Toward Global Environmental Change: Transformative Art and Cultures of Sustainability*. Berlín: Heinrich-Böll-Stiftung, 2011), http://www.boell. de.

10. Amen Avanessian, *Überschrift: Ethik des Wissens-Poetik der Existenz*. Berlín: Merve, 2015.

11. Bruno Latour, *We Have Never Been Modern*. Cambridge, Massachusetts: Harvard University Press, 1993.

12. Henry Miller, «Reflections on Writing», en *Wisdom of the Heart*. Nueva York: New Directions, 1960.

13. Francisco J. Varela et al., editores, *Naturalizing Phenomenology: Issues in Contemporary Phenomenology and Cognitive Science*. Standford: Standford University Press, 1999.

14. Francisco J. Varela, Evan Thompson, Eleanor Rosch, *The Embodied Mind: Cognitive Science and Human Experiencia*. Cambridge, Massachusetts: MIT Press, 1991; Andreas Weber, «Die wiedergenfundene Welt», en *Schlüsselwerke des Konstruktivismus*, editado por Bernhard Pörksen. Bielefeld: VS-Verlag, 2011.

15. Francisco J. Varela, «Organism: A Meshwork of Selfless Selves», en *Organism and the Origins of the Self*, editado por A.I. Tauber. Dordrecht: Kluwer, 1991.

16. Jon Young, Ellen Haas, Evan McGown, *Coyote's Guide to Connecting with Nature*. Shelton: OWLing Media, 2008.

17. Franz Rosenzweig, «Das älteste Systemprogramm des deutschen Idealismus: Ein handschriftlicher Fund», en *Stizungsberichte der Heidelberger Akademie der Wissenschaften*. Heidelberg: Universitätverlag C. Winter, 1917.

18. Elizabeth Sewell, *The Orphic Voice: Poetry and Natural History*. Washington, DC: Routledge, 1961.

19. Friedrich Hölderlin, «The Oldest System-Program of German Idealism», en *Friedrich Hölderlin: Essays and Letters on Theory*, editado por Thomas Pfau. Albany: SUNY Press, 1987, págs. 155.

20. Citado por Joan Rothfuss, Walker Art Center curator, «Energy», http://www.walkerart. org.

21. Daniel C. Wahl, «Zarte Empirie': Goethean Science as a Way of Knowing», *Janus Head* 8, n.º 1. (2005), págs. 58-76.

22. Andreas Weber y Hildegard Kurt, «Towards Cultures of Aliveness: Politics and Poetics in a Posdualistic Age-An Anthropocene Manifiesto», *Solutions Journal* 5. (2015).

7. Cultura: imaginar al otro

1. Édouard Glissant, «Comme l'oiseau innumerable», en *La cohée du Lamentin: Poétique V*. París: Gallimard, 2005.
2. Édouard Glissant, *Introduction à une poétique du divers*. París: Gallimard, 1996.
3. Kalevi Hull, «Introduction», en *Gatherings in Biosemiotics: Tartu Semiotics Library 11*, editado por Silver Rattasepp y Tyler Bennett. Tartu: University of Tartu Press, 2012.
4. Jacques Derrida, «Che Cos'é la poesía?» en *Poesia: Mensile Internazionale di cultura poética 11*. Milán: Fondazione Poesia Onlus, 1988.
5. Édouard Glissant, «The Poetics of the World: Global Thinking and Unforseeable Events», Chancellor's Distinguished Lecture, Louisiana State University, Baton Rouge, 20 de abril de 2002.
6. Andreas Weber, *Biopoetics: Toward an Existential Ecology*. Dordrecht: Springer, 2016). Véase también Andreas Weber, *Natur als Bedeutung*. Würzburg: Königshausen, 2003), http://www.autor-andreas-weber.de/downloads/Enlivenment_web.pdf.
7. Natalie Knapp, «Die welt als Analogie» [El mundo como analogía]. Ponencia presentada en la conferencia «Lebendigkeit neu denken»: Für die Wiederentdeckung einer zentralen Dimension in Gesellschaft, Politik und Nachhaltigkeit. Heinrich Böll-Foundation, Berlín, 14 de noviembre de 2012, inédito. Natalie Knapp, *Kompass neues Denken: Wie wir uns in einer unübersichtlichen Welt orientieren Können*. Reinbek: Rowohlt, 2013).
8. Jon Kabat-Zinn, *Full Catastrophe Living: Using the Wisdom of Your Body and Mind to Face Stress, Pain and Illness*. El Dorado, AR: Delta Press, 1990.
9. Hans Jonas, *The Phenomenon of Life: Towards a Philosophical Biology*. Chicago: University of Chicago Press, 1966.
10. Václav Havel, *Disturbing the Peace: A Conversation with Karel Hvizdala*, traducido del checo por Paul Wilson. Nueva York: Knopf, 1986, págs. 181.
11. Gary Snyder, *The Practice of the Wild*. Berkeley: Counterpoint, 1994, págs. 74.
12. Partes de esta sección fueron publicadas previamente en Weber, «Reality and the Commons» en *Patterns of Commoning*, ed. David Bollier y Silke Helfrich. Amherst, Massachusetts: Levellers Press, 2015.
13. Neera M. Singh, «The Affective Labor of Growing Forests and the Becoing of Environmental Subjects: Rethinking Environmentality in Odisha, India», *Geoforum* 47. (2013), págs 189-198.
14. Theodor W. Adorno, *Aesthetic Theory*. Nueva York: Bloosmbury, 2013, pág. 85.

editorial **K**airós

Puede recibir información sobre
nuestros libros y colecciones inscribiéndose en:

www.editorialkairos.com
www.editorialkairos.com/newsletter.html

Numancia, 117-121 • 08029 Barcelona • España
tel. +34 934 949 490 • info@editorialkairos.com